Be ambitious singles!

ひとり分ごはん、熱烈応援します。

わくわくドキドキのひとり暮らしが、いよいよはじまりました。
今まで「母親まかせ」だった、おうちの中のいろんなコトも
これからは、自分だけの力でこなしていかなくてはいけません。

中でも、ひとり暮らし・最重要課題と言えるのは、「毎日のごはん」。
コレに尽きますね。

忙しいからといって、時間がないからといって
コンビニやファストフードばかりに頼るのは、絶対NG!
自分のからだのためにも、お金をかけない生活のためにも、
やっぱり自炊をするのがいちばんです。

だから、この本では「ひとり分ごはん」を積極的にサポートします!

とはいえ、めんどうなコトも、ややこしいコトも一切ありません。
コンセプトは、買った食材はムダなく最後まで使いきるコト、
手間をかけずに、誰でもチャチャッと作れるコト。
そして、おいしい、ヘルシー、リーズナブルなレシピであるコト。

最初は小松菜とほうれん草の違いがわからなくても、
全然問題ないし、大丈夫。

構えずに、ひとつひとつの作業を楽しみながら作ってみてください。
ものすごいごちそうじゃないけど、
おうちで食べるごはんのよさが、
いつかきっとしみじみとわかってくるはずです。

CONTENTS

ひとり分ごはん、熱烈応援します。…2

おいしく作るために知っておきたい。
計量のコト。…6

料理上手に見えるおたすけ調味料＆素材…8

PART 1
メインおかずも、サブおかずも作れます！
フライパンひとつでワンプレートごはん

チキンの甘辛にんにくソテープレート…10
鶏肉の塩から揚げプレート…12
鶏肉とブロッコリーのケチャップ炒めプレート…14
豚ロース肉の簡単チャーシュープレート…16
ポークジンジャーステーキプレート…18
薄切り肉の肉だんごプレート…20
具だくさん牛丼プレート…22

ヘルシー豆腐ハンバーグプレート…24
豚ひき肉のキムチ肉じゃがプレート…26
豆腐の豚肉巻きプレート…28
鮭のバターじょうゆ焼きプレート…30
サーモンフライプレート…32
めかじきのみそチーズ焼きプレート…34

PART 2
ムダなく、おいしく、楽しく。
野菜を最後まで使って節約大作戦

キャベツで。キャベツの豚肉はさみ煮…40
キャベツの粉チーズソース／キャベツのマヨネーズソテー…41

じゃがいもで。ジャーマンポテト…42
ハッシュドポテト／じゃがいものきんぴら…43

きゅうりで。塩もみきゅうりとツナの炒めもの…44
たたききゅうりのじゃこあえ／きゅうりのピリ辛酢じょうゆ漬け…45

もやしで。もやしとひき肉のカレー炒め…46
もやしのナムル／もやしのおかか炒め…47

トマトで。トマトのパン粉焼き…48
トマトと卵の炒めもの／トマトのはちみつレモン漬け…49

ピーマンで。青椒肉絲…50
ピーマンのチーズ焼き／ゆでピーマンの塩昆布あえ…51

なすで。なすの豚肉巻きソテー…52
焼きなすサラダ／なすの塩もみ青じそ風味…53

大根で。大根とひき肉のしょうゆ煮…54
大根とじゃこの炒めもの／大根のごまサラダ…55

にんじんで。
にんじんと鶏肉のスープ煮…56
にんじんのたらこ炒め／にんじんのマリネ…57

白菜で。白菜と豚こまの炒め煮…58
白菜のマヨディップ／白菜の浅漬け…59

かぼちゃで。かぼちゃの豚バラ巻き焼き…60
かぼちゃの蒸し煮サラダ／かぼちゃの甘煮…61

ほうれん草で。ほうれん草と牛肉の炒めもの…62
ほうれん草のごま油あえ／ほうれん草とベーコンのソテー…63

PART 3
ささっと作れて。おなか大満足。
いつだって麺バンザイ！

ブロッコリーとベーコンのスパゲッティ…68
ナポリタン…70
えびとポテトのクリームスパゲッティ…71
鮭フレークと卵のスパゲッティ…72
たらこバタースパゲッティ…73
肉うどん…74
豚肉とキャベツの焼きうどん…76
ピリ辛そぼろからめうどん…77

豚肉と野菜のソース焼きそば…78
ひき肉ともやしのカレー焼きそば…80
麻婆豆腐のせカリカリ焼きそば…81
みそバターコーンラーメン…82
焼き豚＋長ねぎの豆板醤あえラーメン…83
韓国風ピリ辛ラーメン…84
タンメン風ラーメン…85

PART 4 作った料理が驚きの大変身!
2回分おかず⇨当日夕食＋翌日弁当

ひき肉と野菜のカレー
- 夕食 ドライカレー…92　弁当 カレーチャーハン弁当…93

肉豆腐
- 夕食 肉豆腐定食…94　弁当 肉豆腐の卵とじ丼弁当…95

チキンのクリームシチュー
- 夕食 チキンのクリームシチュースパゲッティ定食…96
- 弁当 チキンのクリームシチュードリア弁当…97

チリコンカン
- 夕食 チリコンカン定食…98　弁当 チリコンカンドッグ弁当…99

回鍋肉（ホイコーロー）
- 夕食 回鍋肉定食…100　弁当 回鍋肉丼弁当…101

筑前煮
- 夕食 筑前煮定食…102　弁当 筑前煮弁当…103

えびのチリソース炒め
- 夕食 えびのチリソース炒め定食…104
- 弁当 えびチリ入り卵焼きサンド弁当…105

PART 5 もうひとつの調理道具として。
電子レンジはこんなに使える!

使える! その1　蒸し鶏がふっくら、しっとり仕上がる!
- 蒸し鶏のせエスニック風ご飯…114
- 蒸し鶏ときゅうりのごまあえ／蒸し鶏とゆで卵の粒マスタードあえ…115

使える! その2　鶏胸肉の野菜巻き蒸しは、おいしく、きれい!
- 鶏肉のキムチ巻き蒸し…116
- 鶏肉のねぎみそ巻き蒸し／鶏肉のチーズ＋えのき巻き蒸し…117

使える! その3　残りご飯があれば、あっと言う間に一品できる!
- ベーコンとアスパラガスのリゾット…118
- おかかと万能ねぎ入りおやき／ザーサイのせおかゆ…119

使える! その4　野菜の下ゆで→調理がとにかく早っ!
- じゃがいもの明太バターのせ…120
- 簡単ポテトサラダ／じゃがいものごまみそかけ…121
- かぼちゃときゅうりのサラダ…122
- パンプキンスープ／かぼちゃ茶巾…123

使える! その5　マグカップに材料を入れてチン。即席スープのでき上がり!
- しめじのコンソメスープ／くずし豆腐のみそスープ…124
- ベーコンとキャベツのスープ／春雨のピリ辛スープ…125

PART 6 ストックしておくと超便利。
レトルト、缶詰、調味料は使ったもんがち!

レトルトカレーで。
- 焼きカレードリア…130
- クリーミーカレーうどん…131

レトルトミートソースで。
- かぼちゃのミートソースかけ…132
- 洋風麻婆豆腐…133

レトルトクリームシチューで。
- トマト入りクリームグラタン…134
- コーン入りクリームシチューリゾット…135

ツナ缶で。
- ツナ、卵、にんじんの炒めもの…136
- ツナとレタスのチャーハン…137

さば缶で。
- さば缶のガーリックスパゲッティ…138
- 野菜入りさばのみそ煮…139

大豆缶で。
- 大豆とじゃこのおやき…140
- 大豆、ひき肉、エリンギの炒めもの…141

ゆずこしょうで。
- ささ身のゆずこしょう焼き／
- ゆずこしょう豆腐ディップ…142
- アボカドのゆずこしょうマヨ炒め／
- いかのゆずこしょうあえ…143

スイートチリソースで。
- れんこんのスイートチリソース炒め／
- 厚揚げと玉ねぎのスイートチリソース炒め…144
- 鶏肉のスイートチリソース照り焼き／
- 大根のスイートチリソースあえ…145

豆板醤で。
- 刺し身の豆板醤あえ／
- しいたけの豆板醤マヨ焼き…146
- ひき肉ともやしのピリ辛スープ／
- かぼちゃの豆板醤炒め…147

焼き肉のたれで。
- なすの焼き肉のたれ炒め／
- きのこの焼き肉のたれ煮…148
- 目玉焼きの焼き肉のたれがらめ／
- 玉ねぎの焼き肉のたれステーキ…149

COLUMN
- 01　温たま＆ゆでたまクッキング…36
- 02　とことん使いきり鍋レシピ…64
- 03　ストック・ザ・乾麺…86
- 04　栄養バランスアップ朝ごはん…106
- 05　電子レンジでできる下ごしらえ…126
- 06　驚きの発見!　料理の"奥の手集"…150

材料別さくいん…154

この本の使い方
- ●計量単位は1カップ＝200mℓ、大さじ1＝15mℓ、小さじ1＝5mℓとしています。
- ●電子レンジは600Wを基準にしています。500Wの場合は加熱時間を1.2倍にしてください。なお、機種や気候によって異なることがあります。
- ●塩は自然塩、しょうゆは濃口しょうゆを使っています。

おいしく作るために知っておきたい。
計量のコト。

おいしい料理作りの早道は、「材料や調味料をきちんとはかって作る」コト。そうすれば、しょっぱ過ぎたり、甘過ぎたりなど味つけで失敗することはありません。作り慣れていけば、材料を目で見るだけで自然と分量がわかるようになります。

やっぱり最初はきちんと計量

そろえておきたい「料理・三種の神器」

肉、魚、野菜などの重さをはかるためのはかり、水分や調味料をはかるのに必要な計量カップと計量スプーンは必須アイテム。

1カップ＝200mℓ / **大さじ1＝15mℓ** / **小さじ1＝5mℓ** / **小さじ1/5＝1mℓ**

その1 はかり
1g単位ではかれるデジタル式がおすすめ。

その2 計量カップ
電子レンジで加熱できる耐熱のものが便利。

その3 計量スプーン
大さじ1、小さじ1のほか、少量の塩をはかるときに便利な小さじ1/5があると重宝。

炊飯器のカップは 1合＝180mℓ です！

これも大事！
初心者で間違えやすいのが、コレ！ 炊飯器に付属のカップは1杯で1合と呼び、容量は180mℓです。

「基本のはかり方」をしっかりマスター

計量スプーンではかるときは、少しの誤差が味に影響するので注意することが大切。

［酒、しょうゆなどの液体調味料］

小さじ1（大さじ1）
あふれないように表面張力でこんもりとするように入れる。

小さじ1/2（大さじ1/2）
下から2/3ほどの高さまで入れる。スプーンは底に近いほど面積が少ないのでこのくらいでよい。

［砂糖や塩など］

小さじ1（大さじ1）
計量スプーンに山盛りに入れる。ナイフやすりきり棒などで表面を平らにし、すりきりにする。

小さじ1/2（大さじ1/2）
すりきりではかったあと、ナイフやすりきり棒などの先端で横一文字に入れる。向こう側半分を落とす。

小さじ1/3（大さじ1/3）
写真のように3分割にする。1/3量を落とせば2/3。ちなみに、2/3量を落とせば1/3。

塩少々は指先ではかります！

これも大事！
塩や砂糖などを親指の先と人指し指の先でつまんだ量。小さじ1/5以下。

ちょっと慣れたら目ばかりで

しょうが

煮ものやあえものなどに使います。

1かけ（10g）

親指の第一関節くらいまでの大きさ。

[実物大] 2cm

= すりおろし（チューブ）* 3cm

にんにく

炒めものやスパゲッティのときなどに。

1かけ（7〜8g）

1個から自然に取りはずしたもの。大きさはまちまちだが、普通サイズのものが基準。

[実物大] 3cm

= すりおろし（チューブ）* 3cm

*香りが強いので少量でよい。

スパゲッティ

1人分の目安。

[実物大]

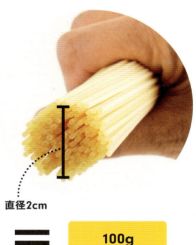

直径2cm

= 100g

油

サラダ油、ごま油、オリーブ油など。焼いたり、炒めたりするときの目安に。

約2.5cm — **小さじ1** ソテー、炒めものなどのときに。

約5cm — **小さじ2** 多めの量のソテー、炒めものなどに。

約8cm — **大さじ1（小さじ3）** スパゲッティなどのときに。ちなみに大さじ1/2は、直径約4cm。

7

料理上手に見える おたすけ調味料＆素材

味つけに自信がなくても、これらをプラスするだけでおいしさがぐんとアップします。

おたすけ調味料

〈ブレンド調味料〉

めんつゆ
だし、しょうゆ、みりんなどのブレンド調味料。だしのうまみがきいたストレートタイプがおすすめ。

ポン酢しょうゆ
柑橘系の果実のしぼり汁にしょうゆなどを加えたもの。さわやかな酸味が特徴。

カレー粉
赤唐辛子、こしょう、コリアンダー、ターメリックなど数十種類のスパイスをブレンドしたもの。

粒マスタード
カラシナの種子に、水や酢、小麦粉などを加えたもの。独特の酸味と辛みがあります。

〈だし、スープの素〉

和風だしの素
みそ汁や和風煮もののうまみだしに。

洋風スープの素
ポトフなどに。顆粒と固形があり、ひとり暮らしには少量ずつ使える前者が便利。

鶏がらスープの素
中華風のスープや煮込みに。

〈ワザあり調味料〉 活用レシピも紹介！ ⇒ P142〜149

ゆずこしょう
すりおろしたゆずの皮に青唐辛子、塩を加えてペースト状にしたもの。

スイートチリソース
赤唐辛子、砂糖、酢、にんにく、塩などで作ったソース。

豆板醤
空豆に塩、麹、赤唐辛子などを加えて発酵させた調味料。

焼き肉のたれ
しょうゆをベースににんにく、赤唐辛子などのスパイス、フルーツや砂糖などを加えた調味料。

おたすけ素材

削り節
かつおを乾燥させて削ったもの。だしのうまみや香りが楽しめます。小袋パックが便利。

味つけザーサイ（瓶詰）
中国の代表的な漬けもので、独特のうまみと甘みが特徴。

塩昆布
細切りの昆布をしょうゆ、たまり、みりんなどで調味して煮、乾燥させたもの。

ちりめんじゃこ
カタクチイワシなどの稚魚を食塩水でゆでたあと、乾燥させたもの。

たらこ
スケトウダラの卵巣を塩蔵したもの。あえものなどに。

辛子明太子
スケトウダラの卵巣に赤唐辛子、塩などを加えて漬け込んだもの。

PART 1

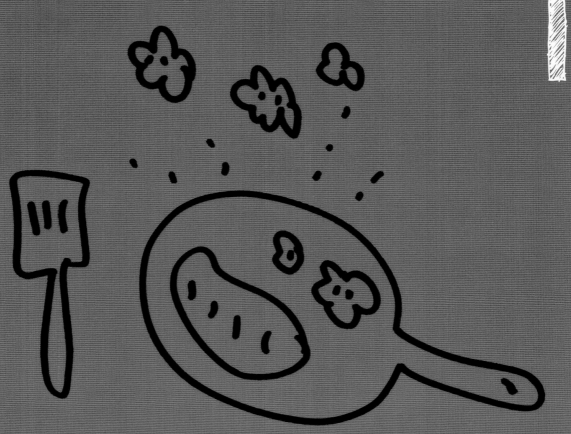

メインおかずも、サブおかずも作れます!
フライパンひとつで ワンプレートごはん

調理器具はフライパンだけ! あとは、何もいりません。
フライパンで肉や魚のメインおかずと
野菜のサブおかずをいっしょに調理すればOK!
だから、手早くできるし、簡単だし、あと片づけもらくちんだし。
ご飯やパンとおしゃれに盛り合わせて
おうちで「カフェ風ごはん」を楽しみましょう。

PART 1　フライパンひとつでワンプレートごはん

おろしにんにくをガツン！ときかせて。
チキンの甘辛にんにくソテープレート

照り焼き風の甘辛味とにんにくの香りを、鶏肉においしく照りよくからめました。
これは間違いなく絶対うまい！　白いご飯も、どんどん進みます。
生野菜のしゃきしゃきサラダを添えておいしい、楽しいアクセントに。

材料（1人分）

●チキンの甘辛にんにくソテー　532kcal

- 鶏もも肉(皮つき)……小1枚(200g)
- グリーンアスパラガス……2本(60g)
- おろしにんにく(チューブ)……5mm
- サラダ油……小さじ1
- 酒……大さじ1
- A
  - みりん、しょうゆ……各大さじ1
  - 砂糖……小さじ1

●レタスとトマトのサラダ　133kcal

- レタス……2～3枚(80g)
- トマト……小1/2個(50g)
- ドレッシング
  - 酢……大さじ1/2
  - サラダ油……大さじ1
  - 塩、粗びき黒こしょう……各少々

●のりのせご飯　252kcal

- 温かいご飯……茶碗1杯分(150g)
- もみのり……少々

TOTAL 917kcal

下準備

●チキンの甘辛にんにくソテー
アスパラガス▶ 根元から半分のところまで皮をむき、長さを半分に切る。

●レタスとトマトのサラダ
レタス▶ 4～5cm四方くらいに切り、水に3分ほどさらして水けをよくきる。
トマト▶ へたを取り除く。縦4等分のくし形切りにしてから、横半分に切る。

チキンの甘辛にんにくソテーを作る

1 鶏肉の筋を切る

鶏肉は皮めと逆側に浅い切り込みを縦に4～5本入れ、筋を切る。

2 鶏肉、アスパラガスを蒸し焼きにする

フライパンにサラダ油を中火で熱し、①の鶏肉の皮めを下にして入れ、2分ほど焼く。鶏肉を返してアスパラガスを入れ、ふたをしてさらに2分ほど蒸し焼きにする。アスパラガスを返し、ふたをして弱火にし、2分ほど蒸し焼きにする。アスパラガスを取り出す。

3 調味する

鶏肉に酒をふって火を止める。おろしにんにく、**A**を加えて弱火にかけ、鶏肉を返しながら煮からめる。汁けがほぼなくなったら、火を止める。

レタスとトマトのサラダを作る

4 サラダを作り、盛りつける

ボウルにレタス、トマトを入れる。ドレッシングの材料をしっかりと混ぜてからかけ、全体を混ぜる。器に③を盛ってフライパンに残った煮汁をかける。サラダとご飯を盛り合わせ、ご飯にもみのりをのせる。

PART 1 フライパンひとつでワンプレートごはん

フライパンで炒め揚げすれば、油は少量でOK。
鶏肉の塩から揚げプレート

シンプルな塩味のから揚げ＋甘～いホクホクかぼちゃの組み合わせ。
かぼちゃ→鶏肉の順に揚げて中までしっかりと火を通すのがポイント。
ヨーグルトドレッシングのサラダを添えて、味にメリハリをつけましょう。

材料（1人分）

●鶏肉の塩から揚げ　569kcal
- 鶏もも肉（皮つき）……小1枚（200g）
- かぼちゃ……幅1cm（正味50g）
- A
  - 酒……小さじ1
  - 塩……小さじ1/3
  - こしょう……少々
- 揚げ油……適量
- 小麦粉……適量

●にんじんとプリーツレタスのサラダ　121kcal
- にんじん……1/2本（75g）
- プリーツレタス……2枚（80g）
- ドレッシング
  - プレーンヨーグルト……大さじ1
  - オリーブ油……小さじ2
  - 塩、粗びき黒こしょう……各少々

●ご飯　252kcal
- 温かいご飯……茶碗1杯分（150g）

TOTAL　942kcal

下準備

●鶏肉の塩から揚げ
- 鶏肉▶ 縦半分に切ってから、横に3等分に切る。ボウルに入れ、Aを加えてからめ、10分ほどおく。
- かぼちゃ▶ 長さを半分に切る。

●にんじんとプリーツレタスのサラダ
- にんじん▶ 皮をむき、ピーラーなどで細長い薄切りにする。
- プリーツレタス▶ 一口大にちぎり、水に3分ほどさらして水けをよくきる。

鶏肉の塩から揚げを作る

1　かぼちゃを揚げる
フライパンに揚げ油を1～2cm深さに入れて中温（170℃）に熱し、かぼちゃを入れる。ときどき返しながら4～5分揚げ、取り出して油をきる。いったん、火を止めておく。

2　鶏肉に小麦粉をまぶす
鶏肉はペーパータオルで汁けをふき、ボウルに入れて小麦粉をまぶしつける。余分な小麦粉をはたいて落とす。

3　鶏肉を揚げる
❶のフライパンを低めの中温（160～170℃）に熱し、❷を入れる。ときどき返しながら5～6分揚げ、最後に強火にする。鶏肉がかりっとしたら、取り出して油をきる。

にんじんとプリーツレタスのサラダを作る

4　サラダを作り、盛りつける
ボウルににんじん、プリーツレタスを入れる。ドレッシングの材料をしっかりと混ぜてからかけ、全体を混ぜる。器におかず2種とご飯を盛り合わせる。

PART 1 フライパンひとつでワンプレートごはん

野菜たっぷりの炒めものでぐっとヘルシー。

鶏肉とブロッコリーの
ケチャップ炒めプレート

ケチャップのやさしい甘みにラー油の辛み、ごま油の風味をプラスした、
じんわりとした奥深いおいしさの炒めものです。しっかり味なので、サブおかずはちぎった葉野菜を添えるだけ。
レタスやベビーリーフなどを使っても、もちろんOKです。

材料（1人分）
●鶏肉とブロッコリーの
　ケチャップ炒め　597kcal

鶏もも肉（皮つき）……小1枚(200g)
ブロッコリー……小3房(50g)
玉ねぎ……小1/2 個(60g)
サラダ油……小さじ1と1/2
片栗粉……適量
酒……大さじ1
A ┌ トマトケチャップ……大さじ2
　│ しょうゆ……小さじ1/2
　│ 塩……小さじ1/5
　└ ラー油……少々
ごま油……少々

●生野菜　12kcal
グリーンカール……2枚(80g)

●ご飯　252kcal
温かいご飯……茶碗1杯分(150g)

TOTAL　861kcal

下準備
●鶏肉とブロッコリーのケチャップ炒め
鶏肉▶ 一口大に切る。
玉ねぎ▶ 縦4等分のくし形切りにする。

生野菜を用意する

1　グリーンカールをちぎる
グリーンカールは食べやすい大きさにちぎって水洗いをし、水けをよくきる。

鶏肉とブロッコリーの
ケチャップ炒めを作る

2　野菜を焼く
フライパンにサラダ油小さじ1/2を中火で熱し、ブロッコリー、玉ねぎを入れて2分ほど焼く。返してさらに1分ほど焼き、両面に焼き色がついたら、ふたをして弱火にし、1分ほど焼く。取り出していったん、火を止めておく。

3　鶏肉を焼く
鶏肉に片栗粉をまぶしつけ、余分な片栗粉を払い落とす。❷のフライパンにサラダ油小さじ1を中火で熱し、鶏肉の皮めを下にして入れ、2分ほど焼く。返してさらに2分ほど焼く。両面に焼き色がついたら、酒をふる。ふたをして弱火にし、さらに3分ほど蒸し焼きにする。

4　仕上げて盛りつける
❸に❷を戻し、Aを加えて手早く炒め合わせ、ごま油をふる。器におかず2種とご飯を盛り合わせる。

PART 1 フライパンひとつでワンプレートごはん

フライパンで手軽に「本格味」を再現。
豚ロース肉の簡単チャーシュープレート

チャーシューを本格的に作ると、時間も手間もかかってとても大変。
ここでは、ビギナーでもらくらく作れる、とびっきりのレシピを紹介します！
おろしにんにく＋おろししょうがを使うのがおいしさのコツ。じわっと広がる味わいを楽しんで。

材料（1人分）

●**豚ロース肉の簡単チャーシュー** 446kcal

豚ロース肉(とんかつ用)……1枚(110g)
長いも……4cm(60g)
長ねぎ……10cm(20g)
サラダ油……小さじ2
塩……少々
酒……大さじ1
おろしにんにく(チューブ)、おろししょうが(チューブ)
　……各5mm
A ┌ しょうゆ……大さじ1
　├ 砂糖……小さじ1
　└ こしょう……少々

●**キャベツとプチトマトのサラダ** 136kcal

キャベツ……2枚(80g)
プチトマト……2個(20g)
ドレッシング
　┌ サラダ油……大さじ1
　├ 酢……大さじ1/2
　└ 塩、粗びき黒こしょう……各少々

●**ごまご飯** 255kcal

温かいご飯……茶碗1杯分(150g)
白いりごま……少々

TOTAL　837kcal

下準備

●**豚ロース肉の簡単チャーシュー**
豚肉 ▶ 赤身と脂身の間に包丁で4〜5カ所切り目を入れ、筋を切る。
長いも ▶ 皮をむき、長さを3等分に切る。
長ねぎ ▶ 長さを3等分に切る。

●**キャベツとプチトマトのサラダ**
キャベツ ▶ 4cm長さのせん切りにする。
プチトマト ▶ へたを取り除き、縦8等分のくし形切りにする。

豚ロース肉の簡単チャーシューを作る

1 豚肉、野菜を焼く
フライパンにサラダ油を中火で熱し、豚肉、長いも、長ねぎを入れ、2分ほど焼く。

2 返して焼く
豚肉、長いも、長ねぎを返し、さらに1分ほど焼く。両面に焼き色がついたら、ふたをして弱火にし、3分ほど蒸し焼きにする。長いも、長ねぎに塩をふって取り出す。豚肉に酒をふって火を止める。

3 調味する
❷に、おろしにんにく、おろししょうが、Aを加えて弱火にかけ、豚肉を返しながら煮からめる。汁けがほぼなくなったら火を止める。豚肉を取り出して食べやすい大きさに切る。

キャベツとプチトマトのサラダを作る

4 サラダを作り、盛りつける
ボウルにキャベツ、プチトマトを入れる。ドレッシングの材料をしっかりと混ぜてからかけ、全体を混ぜる。器に❸を盛ってフライパンに残った煮汁をかける。サラダとご飯を盛り合わせ、ご飯にごまをふる。

PART 1　フライパンひとつでワンプレートごはん

「カフェ風」みたいなひと皿も、すぐできる！
ポークジンジャーステーキプレート

シンプルな盛り合わせだけど、どれもおいしいワザあり！
塩＋おろししょうがで味つけをした、新スタイルのポークステーキに野菜のソテーとしゃきしゃきサラダを添えました。
彩りよし、味よし、食べごたえ満点のプレートです。

材料（1人分）
●ポークジンジャーステーキ　526kcal
豚ロース肉（とんかつ用）……1枚（110g）
じゃがいも……1個（150g）
赤ピーマン……1個（40g）
サラダ油……大さじ1/2
おろししょうが（チューブ）……5mm
塩…少々
白ワイン……大さじ1
A ┌ 塩……小さじ1/5
　└ こしょう……少々
バター……大さじ1/2

●レタスときゅうりのサラダ　131kcal
レタス……2～3枚（80g）
きゅうり……1/2本（50g）
ドレッシング
　┌ サラダ油……大さじ1
　│ 酢……大さじ1/2
　└ 塩、粗びき黒こしょう……各少々

●ご飯　252kcal
温かいご飯……茶碗1杯分（150g）

TOTAL　909kcal

下準備
●ポークジンジャーステーキ
豚肉▶　赤身と脂身の間に包丁で4～5カ所切り目を入れ、筋を切る。
じゃがいも▶　皮をつけたまま水洗いをし、芽を取り除く。
赤ピーマン▶　縦半分に切ってへたと種を取り除き、横半分に切る。

●レタスときゅうりのサラダ
レタス▶　一口大に切る。
きゅうり▶　薄い輪切りにする。レタスと合わせ、水に3分ほどさらして水けをよくきる。

ポークジンジャーステーキを作る

1　じゃがいもを加熱する
じゃがいもは水けをつけたまま小さめのボウルに入れ、ふんわりとラップをかぶせて電子レンジで2～3分加熱する。粗熱を取り、4つ割りにする。

2　豚肉と野菜を焼く
フライパンにサラダ油を中火で熱し、豚肉、❶、赤ピーマンを入れ、2分ほど焼く。返してさらに2分ほど焼く。両面に焼き色がついたら、じゃがいも、赤ピーマンに塩をふって取り出す。ふたをして弱火にし、3分ほど蒸し焼きにする。

3　調味する
❷に、おろししょうが、白ワイン、Aを加え、豚肉にからめる。バターを加えて豚肉にからめ、火を止める。

レタスときゅうりのサラダを作る

4　サラダを作り、盛りつける
ボウルにレタス、きゅうりを入れる。ドレッシングの材料をしっかりと混ぜてからかけ、全体を混ぜる。器に❸を盛ってフライパンに残った調味料をかける。サラダとご飯を盛り合わせる。

PART 1 フライパンひとつでワンプレートごはん

豚薄切り肉をクルクルと丸めて。
薄切り肉の肉だんごプレート

ひき肉で作ったものとはひと味違う、弾力のある歯ごたえが楽しめる肉だんごです。
れんこん＋エリンギといっしょに焼いて、甘酸っぱい味をからめたら完成！
おなかも大満足の味とボリュームです。

材料（1人分）

●**薄切り肉の肉だんご** 394kcal

豚こま切れ肉……100g
れんこん……2cm(50g)
エリンギ……大1/2本(50g)
片栗粉……適量
サラダ油……小さじ2
酒……大さじ1
A ┌ 酢、水……各大さじ2
　│ 砂糖……小さじ1
　│ しょうゆ……小さじ1/2
　│ 塩……小さじ1/4
　└ こしょう……少々

●**サニーレタスとプチトマトのサラダ** 131kcal

サニーレタス……小2～3枚(70g)
プチトマト……2個(20g)
ドレッシング
　┌ サラダ油……大さじ1
　│ 酢……大さじ1/2
　└ 塩、粗びき黒こしょう……各少々

●**おむすび** 252kcal

温かいご飯……茶碗1杯分(150g)

TOTAL 777kcal

下準備

●**薄切り肉の肉だんご**
- れんこん▶ 皮をむいて1cm幅の半月切りにし、水洗いをして水けをふく。
- エリンギ▶ 縦半分に切ってから、長さを半分に切る。

●**サニーレタスとプチトマトのサラダ**
- サニーレタス▶ 縦半分に切ってから、横に4cm幅に切る。
- プチトマト▶ へたを取り除き、横半分に切る。

●**おむすび**
- ご飯▶ 手に水少々をつけ、平たい円形にまとめる。

薄切り肉の肉だんごを作る

1 肉だんごを作る

豚肉は5等分にしてだんご状にまとめ、表面に片栗粉をまぶしつける。余分な片栗粉をはたいて落とす。

2 肉だんご、れんこん、エリンギを焼く

フライパンにサラダ油を中火で熱し、❶、れんこん、エリンギを入れて2～3分焼く。返してさらに2分ほど焼く。両面に焼き色がついたら、ふたをして弱火にし、2分ほど蒸し焼きにする。

3 調味する

❷に酒をふり、Aを加えて手早くからめる。汁けがほぼなくなったら、火を止める。

サニーレタスとプチトマトのサラダを作る

4 サラダを作り、盛りつける

ボウルにサニーレタス、プチトマトを入れる。ドレッシングの材料をしっかりと混ぜてからかけ、全体を混ぜる。器におかず2種とおむすびを盛り合わせる。

PART 1 フライパンひとつでワンプレートごはん

自分で作れば、野菜たっぷりで大満足！
具だくさん牛丼プレート

手作りごはんのよさは、野菜たっぷりでヘルシーに、しかも外食するよりぐんとリーズナブルに作れること。
ここでは、おなじみの牛丼にたっぷりのしめじと玉ねぎを加えて、おいしくボリュームアップ！
一度食べると、また作りたくなります。

材料（1人分）

● **具だくさん牛丼**　696kcal

温かいご飯……茶碗1杯分(150g)
牛切り落とし肉……100g
しめじ……1パック(100g)
玉ねぎ……小1/2個(60g)
紅しょうが(市販品・細切り)……適量
サラダ油……大さじ1/2
酒……大さじ1

A ┌ 水……1/3カップ
　├ しょうゆ……大さじ1と2/3
　├ みりん……大さじ1
　└ 砂糖……大さじ1/2

● **キャベツとにんじんの塩もみ**　28kcal

キャベツ……大2枚(100g)
にんじん(細い部分)……3cm(20g)
塩……小さじ1/4
レモン汁……大さじ1/2

TOTAL　724kcal

下準備

● **具だくさん牛丼**
しめじ ▶ 石づきを切り落とし、3～4本ずつにほぐす。
玉ねぎ ▶ 縦に6～7mm幅に切る。

● **キャベツとにんじんの塩もみ**
キャベツ ▶ 3～4cm長さ、1cm幅に切る。
にんじん ▶ 皮をむいて6mm幅の短冊切りにする。

キャベツとにんじんの塩もみを作る

1 塩をふってもむ
ボウルにキャベツ、にんじんを入れ、塩をふってもむ。しんなりとするまで10～15分おく。

具だくさん牛丼を作る

2 牛肉を炒める
フライパンにサラダ油を中火で熱し、牛肉を入れてほぐしながら炒める。

3 しめじ、玉ねぎを加えて炒める
牛肉の色が変わったら、しめじ、玉ねぎを加えて炒め合わせる。

4 仕上げて盛りつける
しめじが少ししんなりとしたら、酒をふってAを加えて混ぜる。煮立ったら、ふたをして弱火にし、汁けが少し残るまで5～6分煮る。器にご飯を盛って牛丼の具をかけ、紅しょうがをのせる。❶の汁けを絞って添え、レモン汁をかける。

PART 1 フライパンひとつでワンプレートごはん

豆腐の水きりは、電子レンジでチン！
ヘルシー豆腐ハンバーグプレート

「ハンバーグを低カロリーに食べたい！」という熱烈なリクエストにお応えしました。
ひき肉に豆腐を加えて、ぐんとヘルシーに。そのたねをこんがりと焼いて、しょうゆ味のきのこソースをかけた和風味のハンバーグです。
さっぱりとした中にも、コクが満点。

材料（1人分）
●ヘルシー豆腐ハンバーグ　493kcal
合いびき肉……100g
豆腐(木綿)……1/2 丁(150g)
オクラ……5本(50g)
しいたけ(生)……3個(60g)
おろししょうが(チューブ)……5mm
A ┌ 酒……小さじ1
　├ しょうゆ……小さじ1/2
　├ 塩……小さじ1/5
　└ こしょう……少々
サラダ油……大さじ1/2
バター……小さじ1
酒……大さじ1
みりん……大さじ1/2
しょうゆ……小さじ2

●生野菜　20kcal
セロリ……1/2 本(35g)
きゅうり……1/2 本(50g)
プチトマト(黄)……3個(30g)

●梅干しのせご飯　254kcal
温かいご飯……茶碗1杯分(150g)
梅干し……小1個

TOTAL　767kcal

下準備
●ヘルシー豆腐ハンバーグ
オクラ▶ がくを削り取る。
しいたけ▶ 石づきを切り落とし、4つ割りにする。

生野菜を用意する

1 切る
セロリは筋を取り除き、幅を3等分に切る。きゅうりは4つ割りにする。プチトマトはへたを取り除く。

ヘルシー豆腐ハンバーグを作る

2 豆腐の水きりをする
耐熱皿に豆腐をのせ、ラップをかぶせずに電子レンジで1分ほど加熱する。水けをきって冷まし、ペーパータオルで水けをふく。

3 たねを作る
ボウルに❷をつぶしながら入れる。ひき肉、おろししょうが、Aを加えて練り混ぜ、小判形に整える。

4 蒸し焼きにする
フライパンにサラダ油を強めの中火で熱し❸、オクラを入れて3分ほど焼く。返してさらに2分ほど焼く。両面に焼き色がついたら、ふたをして弱火にし、4～5分蒸し焼きにして取り出す。

5 仕上げて盛りつける
❹のフライパンをさっと洗って水けをふき、バターを入れて中火で溶かす。しいたけを加えて炒め、しんなりとしたら酒をふる。みりん、しょうゆを加えて弱火で1分ほど煮る。器に❹を盛ってきのこソースをかけ、❶、ご飯を盛り合わせる。ご飯に梅干しをのせる。

PART 1　フライパンひとつでワンプレートごはん

キムチの辛みとうまみが刺激的。
豚ひき肉のキムチ肉じゃがプレート

家庭料理ナンバー1の人気を誇る肉じゃが。
ここでは、キムチを加えていつもの味とはひと味違う、アイデア満載のおかずに仕上げました。
キムチからうまみが出るので、だし汁は不要。しゃっきりサラダを添えて満足感いっぱいです。

材料（1人分）
●豚ひき肉のキムチ肉じゃが　485kcal
豚ひき肉……80g
じゃがいも……大1個(200g)
にんじん……4cm(40g)
玉ねぎ……小1/2個(60g)
白菜キムチ……60g
サラダ油……小さじ1
酒……大さじ1
A［水……1/2カップ
　　砂糖……小さじ1］
しょうゆ……小さじ2
ごま油……小さじ1

●大根ときゅうりのサラダ　138kcal
大根……3～4cm(100g)
きゅうり……1/2本(50g)
ドレッシング
［サラダ油……大さじ1
　酢……大さじ1/2
　塩、粗びき黒こしょう……各少々］

●ご飯　252kcal
温かいご飯……茶碗1杯分(150g)

TOTAL　875kcal

下準備
●豚ひき肉のキムチ肉じゃが
じゃがいも▶ 皮をむき、4つ割りにしてから横半分に切る。水に5分ほどさらして水けをふく。
にんじん▶ 皮をむき、5mm幅の半月切りにする。
玉ねぎ▶ 縦4等分のくし形切りにする。
白菜キムチ▶ 3cm幅に切る。

●大根ときゅうりのサラダ
大根▶ 皮をむき、ピーラーなどで細長い薄切りにする。
きゅうり▶ ピーラーなどで細長い薄切りにする。

豚ひき肉のキムチ肉じゃがを作る

1　ひき肉を炒める
フライパンにサラダ油を中火で熱し、ひき肉を入れてほぐしながら炒める。

2　野菜を加えて煮る
ひき肉の色が変わったら、じゃがいも、にんじん、玉ねぎを加えてさっと炒め合わせる。全体に油が回ったら酒をふり、Aを加える。煮立ったらふたをして弱火にし、10分ほど煮る。

3　キムチを加える
キムチ、しょうゆを加えて混ぜ、ふたをしてさらに5～6分煮る。汁けがほぼなくなったらごま油をふり、火を止める。

大根ときゅうりのサラダを作る

4　サラダを作り、盛りつける
ボウルに大根、きゅうりを入れる。ドレッシングの材料をしっかりと混ぜてからかけ、全体を混ぜる。器におかず2種とご飯を盛り合わせる。

PART 1 フライパンひとつでワンプレートごはん

ポン酢をかけた大根おろしでさっぱりと。
豆腐の豚肉巻きプレート

豚バラ肉で豆腐を巻いて、香ばしくソテー。
豚肉のうまみが豆腐にじわっと移って、絶品のおいしさに仕上がります。
甘いさつまいももいっしょに焼いて、味と食感のアクセントに。シンプルなサラダを添えて完成です！

材料（1人分）

●豆腐の豚肉巻き　599kcal
- 豆腐（木綿）……1/2丁（150g）
- 豚バラ薄切り肉……5枚（100g）
- さつまいも……3cm（60g）
- 大根……3〜4cm（100g）
- サラダ油……小さじ1
- ポン酢しょうゆ（市販品）……大さじ1
- 七味唐辛子……少々

●ベビーリーフのサラダ　125kcal
- ベビーリーフ……30g
- ドレッシング
  - サラダ油……大さじ1
  - 酢……大さじ1/2
  - 塩、粗びき黒こしょう……各少々

●ご飯　252kcal
- 温かいご飯……茶碗1杯分（150g）

TOTAL　976kcal

下準備

●豆腐の豚肉巻き
- 豆腐▶　5等分に切る。
- さつまいも▶　皮をつけたまま1cm幅に切り、水洗いをして水けをふく。
- 大根▶　皮をむいてすりおろし、かるく水けをきる。ボウルに入れ、ポン酢しょうゆを加えて混ぜる。

●ベビーリーフのサラダ
- ベビーリーフ▶　水に3分ほどさらし、水けをよくきる。

豆腐の豚肉巻きを作る

① 豆腐の水けをきる
ペーパータオルに豆腐をのせ、10分ほどおいて水けをきる。

② 豆腐に豚肉を巻く
豆腐に豚肉を1枚ずつ軽く巻きつける。

③ 豆腐の豚肉巻き、さつまいもを焼く
フライパンにサラダ油を中火で熱し、②の巻き終わりを下にして入れ、さつまいもを入れて1分ほど焼く。返してさらに1分ほど焼く。両面に焼き色がついたら、ふたをして弱火にし、2分ほど蒸し焼きにして火を止める。

ベビーリーフのサラダを作る

④ サラダを作り、盛りつける
ボウルにベビーリーフを入れる。ドレッシングの材料をしっかりと混ぜてからかけ、全体を混ぜる。器におかず2種とご飯を盛り合わせる。豆腐の豚肉巻きにポン酢しょうゆを混ぜた大根おろしをかけ、七味唐辛子をふる。

PART 1　フライパンひとつでワンプレートごはん

和風と洋風をおいしくミックス。
鮭のバターじょうゆ焼きプレート

下ごしらえのいらない切り身魚は、安くておいしくて超便利。テーブルにしばしば登場させたい食材のひとつです。
ここでは小麦粉をまぶした鮭の切り身を焼き、仕上げにバターとしょうゆをからめました！
淡泊な鮭が、コク満点の味わいに。

材料（1人分）

●鮭のバターじょうゆ焼き　303kcal
生鮭(切り身)……1切れ(100g)
ピーマン……1個(35g)
玉ねぎ……小1/2個(60g)
小麦粉……適量
サラダ油……大さじ1/2
酒……大さじ1/2
A［しょうゆ……小さじ2
　　こしょう……少々］
バター……大さじ1/2

●生野菜　15kcal
かぶ……小1個(80g)

●おにぎり　254kcal
温かいご飯……茶碗1杯分(150g)
焼きのり(全形)……1/4枚

TOTAL　572kcal

下準備

●鮭のバターじょうゆ焼き
ピーマン▶　縦半分に切ってへたと種を取り除き、さらに縦半分に切る。
玉ねぎ▶　横に3等分に切り、バラバラにならないように厚みに楊枝を刺す。

●おにぎり
ご飯＋のり▶　ご飯、のりをそれぞれ2等分にする。手に水少々をつけてご飯をそれぞれ丸く握り、1個ずつにのりを1枚ずつ巻く。

生野菜を用意する

1　かぶを切る
かぶは茎を5cmほど残して皮をむき、4つ割りにする。

鮭のバターじょうゆ焼きを作る

2　鮭に小麦粉をまぶす
鮭は小麦粉をまぶしつける。余分な小麦粉をはたいて落とす。

3　鮭、野菜を焼く
フライパンにサラダ油を中火で熱し、❷の鮭の皮めを下にして入れ、ピーマン、玉ねぎを入れて2分ほど焼く。返してさらに2分ほど焼く。両面に焼き色がついたら、ふたをして弱火にし、2分ほど蒸し焼きにする。ピーマン、玉ねぎを取り出す。

4　仕上げて盛りつける
鮭に酒をふって火を止める。Aを加えて弱火にかけ、バターを加えて鮭を返しながら煮からめる。汁けがほぼなくなったら、火を止める。器に鮭を盛ってフライパンに残った煮汁をかけ、ピーマン、玉ねぎを添える。生野菜とおにぎりを盛り合わせる。

PART 1 フライパンひとつでワンプレートごはん

簡単タルタルソースでおいしさ倍増。
サーモンフライプレート

鮭の切り身にパン粉ごろもをつけて、かりっと揚げます。
いっしょに野菜も揚げて、食べごたえもボリュームもたっぷりの仕上がりに。
揚げたてのアツアツを食べられるのはおうちごはんだからこそ。ゆったり気分で味わいましょう。

材料（1人分）

● サーモンフライ　574kcal

生鮭(切り身)……1切れ(100g)
さやいんげん……5本(40g)
なす……1個(80g)
塩、こしょう……各少々
A ┌ 小麦粉、水……各大さじ2
生パン粉、揚げ油……各適量
ソース
　┌ パセリのみじん切り……小さじ1
　│ マヨネーズ……大さじ1と1/2
　└ こしょう…少々

● 水菜とにんじんのサラダ　128kcal

水菜……1/4束(50g)
にんじん……少々
ドレッシング
　┌ サラダ油……大さじ1
　│ 酢……大さじ1/2
　└ 塩、こしょう……各少々

● トースト　119kcal
食パン(8枚切り)……1枚

TOTAL　821kcal

下準備

● サーモンフライ
鮭▶　　長さを半分に切る。
さやいんげん▶　へたを切り落とす。
なす▶　　へたを切り落とし、4つ割りにする。

● 水菜とにんじんのサラダ
水菜▶　根元を切り落とし、4cm長さに切る。
にんじん▶　皮をむき、4cm長さのせん切りにする。

● トースト
食パン▶　トースターで2～3分焼き、斜め半分に切る。

サーモンフライを作る

1 鮭にころもをつける
鮭に塩、こしょうをふる。よく混ぜ合わせたAに鮭をくぐらせてから、パン粉を全体にまぶしつける。

2 野菜を揚げる
フライパンに揚げ油を1～2cm深さに入れて中温(170℃)に熱し、さやいんげん、なすを入れる。ときどき返しながら1分ほど揚げ、取り出して油をきる。

3 鮭を揚げる
❷のフライパンを低めの中温(160～170℃)に熱し、❶を入れる。ときどき返しながら3～4分揚げる。鮭のころもがかりっとしたら取り出して油をきる。

水菜とにんじんのサラダを作る

4 サラダを作り、盛りつける
ボウルに水菜、にんじんを入れる。ドレッシングの材料をしっかりと混ぜてからかけ、全体を混ぜる。器におかず2品とトーストを盛り合わせる。ソースの材料をよく混ぜ、鮭にかける。

PART 1 フライパンひとつでワンプレートごはん

こくも香りも食べごたえもバツグン！
めかじきのみそチーズ焼きプレート

みそを塗ってチーズをのせためかじきと、たっぷり野菜をいっしょに蒸し焼きにするだけ。
物足りなさを感じがちな切り身魚は、こんなテクでおいしくボリュームアップ！
めかじきのほかにも、いろんな切り身で試してみましょう。

材料（1人分）

● めかじきのみそチーズ焼き　355kcal
めかじき（切り身）……1切れ(100g)
キャベツ……大2枚(100g)
もやし……小1/4袋(50g)
サラダ油……大さじ1/2
みそ……大さじ1/2
ピザ用チーズ……大さじ2(30g)
粗びき黒こしょう……少々

● コーンとセロリのサラダ　127kcal
ホールコーン（缶詰）……小1/2缶弱(50g)
セロリ……小1本(70g)
ドレッシング
　サラダ油……小さじ2
　酢……小さじ1
　塩、粗びき黒こしょう……各少々

● ゆかり粉ご飯　254kcal
温かいご飯……茶碗1杯分(150g)
ゆかり粉……少々

TOTAL　736kcal

下準備

● めかじきのみそチーズ焼き
キャベツ▶　5～6cm四方に切る。
もやし▶　水洗いをし、水けをよくきる。

● コーンとセロリのサラダ
ホールコーン▶　汁けをきる。
セロリ▶　筋を取り除き、1cm角に切る。

めかじきのみそチーズ焼きを作る

1 めかじきを焼く
フライパンにサラダ油を中火で熱し、めかじきを入れて1分ほど焼く。

2 返してみそを塗る
❶を返し、表面にみそを薄く塗る。

3 チーズをのせ、野菜を入れて蒸し焼きにする
❷にチーズをのせ、周りにキャベツ、もやしを置く。ふたをして弱火にし、3分ほど蒸し焼きにして火を止める。

コーンとセロリのサラダを作る

4 サラダを作り、盛りつける
ボウルにホールコーン、セロリを入れる。ドレッシングの材料をしっかりと混ぜてからかけ、全体を混ぜる。器におかず2種とご飯を盛り、めかじきに粗びき黒こしょうをかけ、ご飯にゆかり粉をふる。

卵1個がおいしく驚きの大変身！
温たま＆ゆでたまクッキング

温泉卵で

白いご飯にのっけて食べたい、いち押しの和風味。
削り節 ＋ しょうゆかけ

材料と作り方（1人分）
1. 器に温泉卵1個を割り入れる。
2. ①にしょうゆ小さじ1、削り節1/2 パック(3g)をかける。

97kcal

粒マスタードの酸味と辛み、マヨネーズのまったり感が絶妙。
粒マスタード ＋ マヨネーズかけ

材料と作り方（1人分）
1. 器に温泉卵1個を割り入れる。
2. ボウルに粒マスタード大さじ1/2、マヨネーズ大さじ1を入れて混ぜ、①にかける。

180kcal

卵があっと言う間に「イタリアン」なおいしさに。
トマト ＋ 粉チーズかけ

材料と作り方（1人分）
1. 器に温泉卵1個を割り入れる。
2. ①に塩、こしょう各少々をふり、トマトの粗みじん切り1/4個分(30g)、オリーブ油小さじ1、粉チーズ大さじ1/2 をかける。

139kcal

コンビニでも調達できる、温泉卵とゆで卵。
これに食材や調味料をちょっと加えるだけで、ごちそうおかずに早変わり。
アイデア満載のテクをぜひまねしてみて。

COLUMN 01

温泉卵のマイルドなおいしさをぐっと引き立てます。

長ねぎ + ごま油かけ

材料と作り方（1人分）
1. 器に**温泉卵1個**を割り入れる。
2. ボウルに**長ねぎのみじん切り4cm分**、**ごま油大さじ1/2**、**塩、粗びき黒こしょう各少々**を入れて混ぜ、①にかける。

140kcal

おろしのさっぱり、めんつゆのだしのうまみをプラス。

大根おろし + めんつゆかけ

材料と作り方（1人分）
1. 器に**温泉卵1個**を割り入れる。
2. ①にかるく水けをきった**大根おろし大さじ1強(20g)**をのせ、**めんつゆ(市販品・ストレートタイプ)大さじ2**をかける。

100kcal

ザーサイのほどよい塩けが、おいしいアクセント。

ザーサイ + 長ねぎかけ

材料と作り方（1人分）
1. 器に**温泉卵1個**を割り入れる。
2. **長ねぎ3cm(6g)**は縦半分に切ってから薄切りにする。
3. ボウルに②、**味つけザーサイ(瓶詰)の粗みじん切り大さじ1**、**塩少々**を入れて混ぜ、①にかける。

89kcal

COLUMN 01

ゆで卵で

こんがりと香ばしく焼いて、おいしさグレードアップ。

チーズ焼き

材料と作り方（1人分）

1. **ゆで卵1個**は殻をむき、縦半分に切る。
2. アルミホイルを敷いた天板に①を置き、**ピザ用チーズ大さじ1強(20g)**をのせる。オーブントースターに入れて焼き色がつくまで4〜5分焼き、器に盛って**粗びき黒こしょう少々**をふる。

160kcal

プチプチとした食感が加わって、楽しさも倍増。

たらこあえ

材料と作り方（1人分）

1. **ゆで卵1個**は殻をむく。4つ割りにしてから、長さを半分に切る。
2. ボウルに①、**中身をほぐしたたらこ大さじ1**を入れて混ぜ、器に盛る。

104kcal

のりの豊かな香りとわさびのツンとした辛みがきいています。

のり＋わさびポン酢あえ

材料と作り方（1人分）

1. **ゆで卵1個**は殻をむき、4つ割りにする。
2. **焼きのり(全形) 1/2 枚**はポリ袋に入れ、上から細かくもむ。
3. ボウルに**ポン酢しょうゆ小さじ1**、**練りわさび少々**を入れて混ぜ、①を加えてゆで卵をくずさないように混ぜる。②を加えてまぶし、器に盛る。

92kcal

＊ゆで卵を作る場合は、鍋に卵1個、かぶるくらいの水を入れて中火にかけ、静かに転がしながらゆでる。沸騰したら弱火にし、10分ほどゆで、水にとって冷ます。

38

PART 2

ムダなく、おいしく、楽しく。
野菜を最後まで使って節約大作戦

ひとり暮らしで困るのは、買った野菜が残ってしまうコト。
これでは、せっかく自炊をしているのに出費がかさんでしまう……。
そこで、そんな悩みをスパッと解消する
最後までおいしく野菜を食べ尽くすためのアイデアおかずをドーンと紹介！
毎日のヘルシーな野菜ライフをきっちりとお約束します。

PART 2　野菜を最後まで使って節約大作戦

キャベツで。

キャベツは季節によって産地が変わるので、品種によって旬が異なります。大別すると春、夏、冬の3種。生、煮る、炒めるなどの調理法で、異なる味わいや歯ごたえを楽しむことができます。ビタミンCやビタミンUが豊富で、美肌作りやイライラ防止に効果的。

キャベツ 1/4 個で

キャベツの豚肉はさみ煮

キャベツにみその下味をつけた豚薄切り肉をはさんで、やわらかく煮込みます。

材料（1人分）

キャベツ……1/4個（250g）
豚バラ薄切り肉……100g
A ┌ みそ……大さじ2
　└ こしょう……少々
酒……大さじ1
水……1/2〜2/3カップ

495kcal ※煮汁は3/4量で計算。

1　豚肉に下味をつける

ボウルにAの材料を入れて混ぜ、豚肉を加えてよくからめる。

2　キャベツに豚肉をはさむ

キャベツの葉と葉の間の3か所に、❶を等分にはさむ。

3　蒸し煮にする

フライパンに❷を入れて酒をふり、水を注ぎ入れる。ふたをして中火にかけ、煮立ったら弱火にして25〜30分ほど蒸し煮にする。キャベツがやわらかくなったら、煮汁ごと器に盛る。

キャベツ 1/8個で キャベツの粉チーズソース

粉チーズ＋オリーブ油の
コクたっぷりのソースにつけて。

材料（1人分）

キャベツ……1/8個(120g)
粉チーズソース
　オリーブ油……大さじ1
　粉チーズ……大さじ1/2
　塩……小さじ1/5
　粗びき黒こしょう……少々

149kcal

1 キャベツを切る
キャベツは5～6cm四方くらいに手でちぎって器に盛る。

2 ソースを作る
小さめの器に粉チーズソースの材料を入れて混ぜ、❶に添える。

キャベツ 1/4個で キャベツのマヨネーズソテー

マヨネーズで香ばしく焼いて、
うまみを閉じ込めます。

材料（1人分）

キャベツ……1/4個(250g)
マヨネーズ……大さじ2
塩、こしょう……各少々

219kcal

1 キャベツを切る
キャベツは芯をつけたまま、3等分のくし形切りにする。

2 蒸し焼きにする
フライパンにマヨネーズ大さじ1を中火で溶かして❶のキャベツを入れ、ふたをして中火で5分ほど蒸し焼きにする。ふたを取って裏返し、マヨネーズ大さじ1を加える。ふたをしてさらに中火で4～5分蒸し焼きにする。

3 調味する
キャベツがやわらかくなったら塩、こしょうをふり、器に盛る。

PART 2　野菜を最後まで使って節約大作戦

じゃがいもで。

年間を通じて出回りますが、収穫されるのは春と秋。成分はでんぷんのほか、ビタミンCやカリウムを豊富に含み、ヨーロッパでは「大地のりんご」と呼ばれるほどのヘルシー健康素材です。でんぷん質に守られているビタミンCは、加熱しても破壊されにくいのが特徴です。

1　材料を切る

じゃがいもは皮をむき、6〜7mm幅の半月切りにする。水に5分ほどさらしてざるに上げ、水けをふく。ソーセージは1cm幅の斜め切りにする。玉ねぎは縦に5mm幅に切る。

2　じゃがいもを蒸し焼きにする

フライパンにオリーブ油を中火で熱し、じゃがいもを広げて入れ、ふたをして4〜5分蒸し焼きにする。返してさらにふたをして4〜5分蒸し焼きにする。

3　ソーセージ、玉ねぎを加える

じゃがいもがやわらかくなったら、ソーセージ、玉ねぎを加えて2〜3分炒め合わせる。

じゃがいも大1個で

ジャーマンポテト

生のまま蒸し焼きにするから、ほくほくの口当たり。じゃがいも本来のおいしさをぎゅっと閉じ込めます。

材料（1人分）

じゃがいも……大1個（200g）
ウインナソーセージ……3本（50g）
玉ねぎ……小1/2個（60g）
オリーブ油……大さじ1
A ┃ 塩……小さじ1/4
　 ┃ 粗びき黒こしょう……少々

429kcal

4　調味する

玉ねぎがしんなりとしたら、Aを加えてさっと炒め、器に盛る。

ハッシュドポテト

じゃがいも大1個で

じゃがいもは水にさらさずに焼くと、きれいにまとまります。

材料（1人分）

じゃがいも……大1個(200g)
塩、粗びきこしょう……各少々
オリーブ油……大さじ1
トマトケチャップ……適量

254kcal

1 じゃがいもを切る
じゃがいもは皮をむいて水洗いをし、水けをふく。スライサーなどで細切りにする。

2 混ぜる
ボウルに❶を入れ、塩、粗びき黒こしょうをふって混ぜ、2等分にする。

3 焼く
フライパンにオリーブ油を中火で熱し、❷をそれぞれ平たい円形にぎゅっとまとめてから入れる。5分ほど焼いて返し、さらに5分ほど焼く。器に盛ってトマトケチャップを絞る。

じゃがいものきんぴら

じゃがいも大1個で

じゃがいもだけで作れます！
冷めてもおいしいのでお弁当にも。

材料（1人分）

じゃがいも……大1個(200g)
サラダ油……大さじ1/2
A ┌ 和風だしの素……小さじ1/4
　│ 水……大さじ3
　│ しょうゆ……小さじ2
　│ みりん……大さじ1/2
　└ 砂糖……小さじ1/2
白いりごま……小さじ1/2

239kcal

1 じゃがいもを切る
じゃがいもは皮をむき、5mm角の棒状に切る。水に5分ほどさらしてざるに上げ、水けをふく。

2 炒めて調味する
フライパンにサラダ油を中火で熱し、❶を入れて2分ほど炒める。じゃがいもが透き通ったら、**A**を加える。

3 蒸し煮にする
煮立ったらふたをして弱火にし、ときどき混ぜながら4〜5分蒸し煮にする。じゃがいもがやわらかくなったら、器に盛り、ごまをふる。

PART 2 野菜を最後まで使って節約大作戦

きゅうりで。

夏野菜の代表格。
旬の時期はみずみずしさが増し、価格も安価。
カリウムが豊富に含まれているので、体内の余分な水分を排出し、
利尿作用を促したり、むくみを防いだりする働きがあります。

きゅうり2本で

塩もみきゅうりと ツナの炒めもの

きゅうり2本もこれならぺろり。
しゃきしゃきの口当たりがクセになります。

材料（1人分）

きゅうり……2本(200g)
ツナ(缶詰)……小1/2缶(40g)
塩……小さじ1/2
サラダ油……小さじ1
粗びき黒こしょう……少々

132kcal

1 きゅうりを 塩もみする

きゅうりは2mm幅の小口切りにしてボウルに入れ、塩をふってもみ、10分ほどおく。

2 水けを絞る

しんなりとしたら、水洗いをし、水けをぎゅっと絞る。

3 炒めて調味する

フライパンにサラダ油を中火で熱し、❷を入れてさっと炒める。汁けをきったツナを加えてさっと炒め合わせ、粗びき黒こしょうをふって器に盛る。

きゅうり1本で たたききゅうりのじゃこあえ

じゃこの塩けとうまみ、
ごま油のコクがおいしいアクセント。

材料（1人分）

きゅうり……1本(100g)
ちりめんじゃこ……大さじ2
A ┌ ごま油……小さじ1/2
　└ しょうゆ……少々

54kcal

1 きゅうりをたたく
きゅうりはびんやすりこ木などで全体をたたき、4cm長さに切ってほぐす。

2 調味する
ボウルに❶、ちりめんじゃこ、Aを加えて混ぜ、器に盛る。

きゅうり1本で きゅうりのピリ辛酢じょうゆ漬け

酢のほのかな酸味、ピリリときかせたラー油が
抜群の組み合わせ。

材料（1人分）

きゅうり……1本(100g)
A ┌ 酢、しょうゆ、みりん
　│　　……各小さじ1
　└ ラー油……少々

34kcal
※漬け汁は2/3量で計算。

1 キャベツを切る
きゅうりは一口大の乱切りにする。

2 漬ける
ボウルにAを入れて混ぜ、❶を加える。10分ほどおき、器に盛る。

PART 2　野菜を最後まで使って節約大作戦

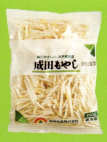

もやしで。

水耕栽培なので年間を通じ、安定して出回り、価格もリーズナブル。
植物性たんぱく質のほか、ビタミンB群、カルシウム、鉄などを含みます。
いたみが早いので鮮度のよいものを選び、早めに調理を。

もやし1/2袋で

もやしとひき肉の カレー炒め

しゃきっと手早く炒めるのがコツ。
ご飯にのせてどんぶりにしても美味。

材料（1人分）

もやし……1/2袋(125g)
豚ひき肉……60g
サラダ油……小さじ1
カレー粉……小さじ1
酒……大さじ1/2
A ┌ しょうゆ……小さじ1/2
　└ 塩……小さじ1/5

205kcal

1 もやしを洗う
もやしは水洗いをし、ざるに上げて水けをきる。

2 ひき肉を炒める
フライパンにサラダ油を弱めの中火で熱し、ひき肉を入れて炒める。

3 もやしを加える
ひき肉の色が変わったら強めの中火にし、❶を加えてさっと炒め合わせる。

4 調味する
全体に油が回ったらカレー粉をふって炒め、酒をふる。Aを加えてさっと炒め、器に盛る。

もやし 1/2 袋で

もやしの ナムル

ごま油＋一味唐辛子＋ごまで
インパクトのある味に。

材料（1人分）
もやし……1/2袋(125g)
ごま油……小さじ1
A ┌ 塩……小さじ1/5
　└ 白いりごま……少々
一味唐辛子……少々

57kcal

1 もやしを洗う
もやしは水洗いをし、ざるに上げて水けをきる。

2 もやしをゆでる
鍋にたっぷりの湯を沸かし、塩、酢各少々（各分量外）を入れて❶を加え、1分ほどゆでる。ざるに上げて水けをきり、冷ます。

3 調味する
ボウルに❷を入れ、ごま油を加えて混ぜる。Aを加えてさらに混ぜ、器に盛って一味唐辛子をふる。

もやし 1/2 袋で

もやしの おかか炒め

おかかのうまみで、もやしを一層おいしく。
とにかく簡単、手早い！

材料（1人分）
もやし……1/2袋(125g)
削り節……1/2袋(3g)
ごま油……大さじ1/2
酒……大さじ1/2
A ┌ しょうゆ……小さじ1/2
　└ 塩、粗びき黒こしょう
　　　……各少々

93kcal

1 もやしを洗う
もやしは水洗いをし、ざるに上げて水けをきる。

2 炒めて調味する
フライパンにごま油を強めの中火で熱し、❶を入れてさっと炒める。全体に油が回ったら、削り節を加えて混ぜる。酒をふり、Aを加えてさっと炒め合わせ、器に盛る。

PART 2　野菜を最後まで使って節約大作戦

トマトで。

年間を通じて出回りますが、旬は夏。「トマトが赤くなると医者が青くなる」と言われるほど、ビタミンやミネラルなどの栄養素が豊富な野菜です。なかでも、注目の栄養成分・リコピンには強い抗酸化作用があり、生活習慣病予防などに効果的です。

トマト1個で

トマトの パン粉焼き

半分に切ったトマトに粉チーズ＋パン粉をのせてトースターで焼くだけ。

材料（1人分）

トマト……1個(150g)
A｜生パン粉……大さじ4
　｜粉チーズ……大さじ1/2
　｜オリーブ油……小さじ2
　｜塩、粗びき黒こしょう……各少々

149kcal

1 混ぜる
ボウルにAを入れて混ぜる。

2 トマトを切る
トマトはへたをくり抜き、横半分に切る。安定させるため、へたと逆側の先端を少し切り落とす。

3 具をのせて焼く
アルミホイルを敷いた天板に②を置き、①を等分にのせる。オーブントースターに入れて、焼き色がつくまで8分ほど焼き、器に盛る。

トマトと卵の炒めもの

トマト1個で

見た目もパッと華やかな一品。
炒めたトマトの甘みが引き立ちます。

材料（1人分）
- トマト……1個(150g)
- 卵……1個
- サラダ油……大さじ1/2
- A [塩、粗びき黒こしょう……各少々]

167kcal

1 トマトを切る
トマトは縦半分に切ってへたを取り除く。縦3等分のくし形切りにしてから、横半分に切る。

2 卵を溶く
ボウルに卵を溶きほぐす。

3 炒めて調味する
フライパンにサラダ油を中火で熱し、❷を流し入れて炒める。卵が半熟状になったら、フライパンの端に寄せ、あいているところに❶を入れてさっと炒める。Aを加えて全体を混ぜ、器に盛る。

トマトのはちみつレモン漬け

トマト1個で

フルーティーなやさしい甘さが魅力。
よく冷やしてどうぞ。

材料（1人分）
- トマト……1個(150g)
- A [はちみつ、レモン汁、水……各大さじ1]

72kcal

※漬け汁は2/3量で計算。

1 トマトを切る
トマトは縦半分に切ってへたを取り除く。縦3等分のくし形切りにする。

2 漬ける
ボウルにAを入れて混ぜ、❶を加える。ラップをかぶせて冷蔵庫で20分以上冷やし、器に盛る。

PART 2　野菜を最後まで使って節約大作戦

ピーマンで。

年間を通じて出回りますが、旬は夏。美肌作りに欠かせないビタミンCのほか、コレステロールの吸収を防ぐ葉緑素・クロロフィルを含んでいます。独特の香りや食感を生かした調理で楽しみましょう。

ピーマン2個で

青椒肉絲
（チンジャオロースー）

中華料理の定番おかずも、フライパンひとつでチャチャッと。白いご飯によく合います。

材料（1人分）

ピーマン……2個(70g)
牛切り落とし肉……50g
片栗粉……小さじ1
サラダ油……小さじ1
A ┌ 酒……大さじ1/2
　├ 砂糖、しょうゆ……各小さじ1
　└ こしょう……少々

216kcal

1　ピーマンを切って牛肉に片栗粉をまぶす

ピーマンは縦半分に切ってへたと種を取り除き、8mm幅の斜め切りにする。小さめのボウルに牛肉を入れ、片栗粉を加えてまぶす。

2　牛肉、ピーマンを炒める

フライパンにサラダ油を中火で熱し、牛肉を入れてほぐしながら炒める。肉の色が変わったら、ピーマンを加えてさっと炒め合わせる。

3　調味する

全体に油が回ったら、Aを加えてさっと炒め、器に盛る。

50

ピーマン1個で
ピーマンの チーズ焼き

ほろ苦いピーマンに、
とろ〜りチーズがおいしくマッチ。

材料（1人分）
ピーマン……1個(35g)
ピザ用チーズ
　……大さじ2(30g)

121kcal

1 ピーマンを切る
ピーマンは縦半分に切り、へたと種を取り除く。

2 焼く
アルミホイルを敷いた天板に❶を置き、ピザ用チーズを等分にのせる。オーブントースターに入れ、焼き色がつくまで5〜6分焼く。

ピーマン1個で
ゆでピーマンの 塩昆布あえ

ピーマンのしゃきしゃきとした
口当たりが楽しめます。

材料（1人分）
ピーマン……1個(35g)
塩昆布(細切り)……3g
オリーブ油……小さじ1/2

28kcal

1 ピーマンを切る
ピーマンは縦半分に切ってへたと種を取り除き、横に5mm幅に切る。

2 ピーマンをゆでる
鍋にたっぷりの湯を沸かし、❶を入れてさっとゆでる。水にとって冷まし、水けを絞る。

3 混ぜる
ボウルに❷、塩昆布、オリーブ油を入れて混ぜ、器に盛る。

PART 2　野菜を最後まで使って節約大作戦

なすで。

年間を通じて出回りますが、旬は夏から秋。みずみずしさが増し、甘みもアップします。紫色の色素・ポリフェノールには、活性酸素の生成を抑えたり、アンチエイジングに効果があると言われています。

なす2個で

なすの豚肉巻きソテー

豚バラ肉のうまみがなすにしみて、絶品のおいしさ。しょうゆ味で香ばしく。

材料（1人分）

なす……2個（160g）
豚バラ薄切り肉……4枚（80g）
サラダ油……少々
A ┌ 酒、みりん……各大さじ1
　 └ しょうゆ……小さじ2
七味唐辛子……少々

417kcal

1 なすを豚肉で巻く

なすはへたを切り落として縦半分に切り、豚肉を1枚ずつ巻く。

2 焼く

フライパンにサラダ油を中火で熱し、なすの皮めを下にして❶を入れ、2分ほど焼く。返してさらに2分ほど焼き、両面に焼き色がついたら、ふたをして弱火にし、5分ほど蒸し焼きにする。返してふたをしてさらに5分ほど蒸し焼きにする。

3 調味する

❷にAを加えて弱火にし、なすを返しながらさっと煮からめる。器に盛り、フライパンに残った煮汁をかけて七味唐辛子をふる。

焼きなすサラダ

なす1個で

こんなシンプルな調理なら
なすのおいしさがとことん楽しめます。

材料（1人分）

なす……1個(80g)
オリーブ油……大さじ1
塩、こしょう……各少々
レモン汁（または酢）
……小さじ1

128kcal

1 なすを切る
なすはへたを切り落とす。ピーラーなどで縦に3カ所ほど皮をむき、7mm幅の輪切りにする。

2 蒸し焼きにする
フライパンにオリーブ油を弱めの中火で熱して❶を入れ、ふたをして4〜5分蒸し焼きにする。返してふたをしてさらに3分ほど蒸し焼きにする。

3 調味する
なすが柔らかくなったら塩、こしょうをふり、器に盛ってレモン汁をふる。

なすの塩もみ青じそ風味

なす1個で

青じその豊かな香り、なすの口当たりが
とにかくおいしい。

材料（1人分）

なす……1個(80g)
青じそ……2枚
塩……小さじ1/2
しょうゆ……少々

17kcal

1 なすを塩もみする
なすはへたを切り落として薄い輪切りにし、ボウルに入れる。塩をふってもみ、5分ほどおく。

2 青じそを切る
青じそは軸を切り落として縦半分に切り、横にせん切りにする。

3 混ぜる
❶を水洗いして水けをぎゅっと絞り、別のボウルに入れる。❷、しょうゆを加えて混ぜ、器に盛る。

PART 2　野菜を最後まで使って節約大作戦

大根で。

年間を通じて出回りますが、旬は秋から冬。でんぷんの消化酵素・ジアスターゼを豊富に含み、消化を助けて胃腸の調子を整える働きがあります。
葉のついているほうは甘く、先端は少し辛みがあります。
好みのほうをチョイスしましょう。

大根 5〜6cmで

大根とひき肉のしょうゆ煮

大根に煮汁のうまみがじっくりとしみています。
ご飯が止まらないおいしさ。

材料（1人分）
大根……5〜6cm（200g）
鶏ひき肉……80g
サラダ油……小さじ1/2
酒……大さじ1
水……1カップ
A｜おろししょうが（チューブ）……5mm
　｜みりん……大さじ1
　｜砂糖……小さじ1
しょうゆ……大さじ2/3〜1

243kcal　※煮汁は3/4量で計算。

1　大根を切る
大根は皮をむき、6つ割りにする。

2　ひき肉を炒める

フライパンにサラダ油を中火で熱し、ひき肉を入れてほぐしながら炒める。

3　大根を加える

ひき肉の色が変わったら、❶を加えてさっと炒め合わせる。

4　調味して煮る

❸に酒をふり、水を加える。煮立ったらAを加えて混ぜ、ふたをして弱火にし、10分ほど煮る。しょうゆを加えて混ぜ、ふたをしてさらに5〜6分煮、器に盛る。

大根とじゃこの炒めもの

大根 3～4cmで

ごま油で炒めて香りをアップ。
じゃこの塩けがおいしさにひと役。

材料（1人分）
- 大根……3～4cm（100g）
- ちりめんじゃこ……大さじ2
- ごま油……小さじ1
- A
  - 酒……大さじ1/2
  - しょうゆ……少々

82kcal

1 大根を切る
大根は皮をむき、スライサーなどで細長い薄切りにする。

2 炒める
フライパンにごま油を中火で熱し、❶を入れてさっと炒める。大根がしんなりとしたら、ちりめんじゃこを加えて炒め合わせる。

3 調味する
全体に油が回ったらAを加えてさっと炒め、器に盛る。

大根のごまサラダ

大根 4～5cmで

さっぱりとした中にも、
ごま独特の風味がきいています。

材料（1人分）
- 大根……4～5cm（150g）
- 白すりごま……大さじ2
- 塩……小さじ1/3
- A
  - サラダ油……大さじ1
  - 酢……大さじ1/2
  - しょうゆ……小さじ1

202kcal

1 大根を切る
大根は皮をむき、縦に5mm幅の短冊切りにする。

2 塩もみをする
ボウルに❶を入れて塩をふってもみ、10分ほどおく。しんなりとしたら水洗いをし、水けをぎゅっと絞る。

3 混ぜる
別のボウルにA、ごまを入れて混ぜ、❷を加えてさらに混ぜ、器に盛る。

PART 2　野菜を最後まで使って節約大作戦

にんじんで。

年間を通じて産地を変えながら出回っていますが、甘みが最ものるのが秋から冬にかけて。β-カロテンを豊富に含み、体の免疫力を高めたり、活性酸素を抑制する働きがあります。
油で調理するとβ-カロテンを効率よく吸収できます。

1 にんじん、鶏肉を切る

にんじんは皮をむき、長さを半分に切る。太い部分は4つ割りにし、細い部分は縦半分に切る。鶏肉は6等分に切る。

2 鶏肉を焼く

フライパンにサラダ油を中火で熱して❶の鶏肉の皮めを下にして入れ、2分ほど焼く。返してさらに2分ほど焼く。

3 にんじんを加える

両面に焼き色がついたら、❶のにんじんを加えてさっと炒め合わせる。

4 煮る

全体に油が回ったら水を加える。煮立ったらふたをして弱火にし、10分ほど煮る。Aを加えて混ぜ、ふたをしてさらに5〜6分煮、器に盛る。

にんじん1本で

にんじんと鶏肉のスープ煮

材料を鍋に入れたらスタンバイOK。あとはコンロにおまかせです。

材料（1人分）

にんじん……1本(150g)
鶏もも肉(皮つき)……大1/2枚(150g)
サラダ油……小さじ1/2
水……2/3カップ
A ┃ 塩……小さじ1/3
　 ┃ 粗びき黒こしょう……少々

369kcal

にんじん1本で
にんじんの たらこ炒め

甘いにんじんに、
たらこのプチプチ感がおいしくマッチ。

材料（1人分）
にんじん……1本（150g）
たらこ……小1/4はら（15g）
サラダ油……小さじ1
酒……大さじ1/2

116kcal

1 にんじんを切る
にんじんは皮をむき、ピーラーなどで細長い薄切りにする。

2 たらこをほぐす
たらこは切り目を入れ、スプーンでこそぎ出す。

3 炒める
フライパンにサラダ油を中火で熱し、❶を入れてさっと炒める。にんじんが少ししんなりとしたら❷を加えて酒をふり、手早く炒めて器に盛る。

にんじん1本で
にんじんの マリネ

シンプルな塩味のドレッシングで
にんじんの持ち味を引き立てます。

材料（1人分）
にんじん……1本（150g）
ドレッシング
　サラダ油……大さじ1
　酢……大さじ1/2
　塩、こしょう……各少々

165kcal

1 にんじんを切る
にんじんは皮をむき、スライサーなどで5cm長さの細切りにする。

2 漬ける
ボウルにドレッシングの材料を入れてしっかりと混ぜ、❶を加えてさらに混ぜる。ラップをかぶせ、冷蔵庫に入れて30分ほど冷やし、器に盛る。

PART 2　野菜を最後まで使って節約大作戦

白菜で。

年間を通じて出回りますが、旬は冬から春。ビタミンCが豊富で風邪予防や疲労回復に効果的です。鍋ものに使うのがポピュラーですが、生で食べたり、漬けものや炒め煮にしたりして、バラエティー豊かに調理を楽しみましょう。

白菜2枚で

白菜と豚こまの炒め煮

寒い日にぴったりのあったかメニュー。
体の中からポカポカになります。

材料（1人分）

白菜……2枚(200g)
豚こま切れ肉……80g
片栗粉……大さじ1/2
サラダ油……小さじ1
酒……大さじ1/2
水……1/2カップ
A［おろししょうが（チューブ）……5mm
　塩……小さじ1/4
　こしょう……少々］
ごま油……小さじ1/2

284kcal

1 白菜を切り、豚肉に片栗粉をまぶす

白菜は7cm長さに切ってから、縦に3cm幅に切る。ボウルに豚肉を入れ、片栗粉を加えてまぶしつける。

2 豚肉を炒める

フライパンにサラダ油を中火で熱し、❶の豚肉を入れてほぐしながら炒める。

3 白菜を加える

肉の色が変わったら、白菜を加えてさっと炒め合わせる。

4 調味して煮る

全体に油が回ったら酒をふり、水を加える。煮立ったらAを加えて混ぜ、ふたをして弱火にし、5〜6分煮る。白菜がしんなりとしたらごま油をふり、器に盛る。

白菜のマヨディップ

白菜の芯 100gで

やわらかい芯の部分を使って。
わさびマヨじょうゆのディップが合います。

材料（1人分）

白菜の芯……100g
ディップ
　マヨネーズ……大さじ1と1/2
　しょうゆ……少々
　練りわさび……適量

137kcal

1 白菜を切る
白菜の芯は食べやすく切る。

2 ディップを作る
器にディップの材料を入れて混ぜ、❶を添える。

白菜の浅漬け

白菜小2枚で

サラダ代わりにどうぞ。
ノンオイルだからとてもヘルシーです。

材料（1人分）

白菜……小2枚（150g）
塩……小さじ1/4
レモン汁……大さじ1/2

22kcal

1 白菜を切る
白菜は縦に3cm幅に切ってから、横に2cm幅に切る。

2 漬ける
ジッパーつきのポリ袋に❶、塩を入れてよくもみ、空気を抜いて2時間ほどおく。水けをぎゅっと絞って器に盛り、レモン汁をふる。

PART 2　野菜を最後まで使って節約大作戦

かぼちゃで。

年間を通じて出回っていますが、旬は夏から初秋。β-カロテン、ビタミンC、ビタミンEを豊富に含む優秀野菜です。肌や粘膜を強くし、免疫力をアップします。独特の甘みや食感を生かしてさまざまな調理に使いましょう。

かぼちゃ 1/8 個で

かぼちゃの豚バラ巻き焼き

蒸し焼きにしてかぼちゃのホクホク感を生かします。シンプルな塩こしょう味でどうぞ。

材料（1人分）
かぼちゃ（1cm厚さ）……3枚（正味150g）
豚バラ薄切り肉……大3枚（80g）
サラダ油……小さじ1
塩、粗びき黒こしょう……各少々

452kcal

1 かぼちゃに豚肉を巻く

かぼちゃはわたと種をスプーンで取り除き、豚肉を1枚ずつ巻きつける。

2 蒸し焼きにする

フライパンにサラダ油を弱めの中火で熱し、❶を入れる。ふたをして3〜4分蒸し焼きにする。返してふたをしてさらに3〜4分蒸し焼きにする。

3 調味する

塩、粗びき黒こしょうをふり、器に盛る。

かぼちゃ 1/8 個で
かぼちゃの 蒸し煮サラダ

フライパンでほっくりと蒸しゆでに。
ドレッシングの酸味と相性抜群。

材料（1人分）

かぼちゃ……1/8 個（正味150g）
水……1/2 カップ
ドレッシング
　サラダ油……大さじ1と1/2
　酢……大さじ1
　塩、こしょう……各少々

310kcal

1 かぼちゃを切る
かぼちゃはわたと種をスプーンで取り除き、2cm角に切る。

2 蒸しゆでにする
フライパンに❶、水を入れふたをして中火にかける。沸騰したら弱火にし、12～15分蒸しゆでにする。かぼちゃがやわらかくなったら、ざるに上げて水けをきる。

3 調味する
ボウルに❷を入れ、ドレッシングの材料をしっかりと混ぜてからかける。全体を混ぜて冷まし、器に盛る。

かぼちゃ 1/6 個で
かぼちゃの 甘煮

定番のお総菜もしっかりマスター。
いつ食べてもやっぱりおいしい。

材料（1人分）

かぼちゃ……1/6 個（正味200g）
A　水……1/3 カップ
　　みりん……大さじ1
　　砂糖……小さじ1
　　しょうゆ……小さじ2

245kcal

1 かぼちゃを切る
かぼちゃはわたと種をスプーンで取り除き、3cm角に切る。

2 調味して煮る
鍋にかぼちゃの皮めを下にして入れ、Aを加えて中火にかける。煮立ったら、ふたをして弱火にし、15分ほど煮る。かぼちゃがやわらかくなったら、器に盛る。

PART 2 野菜を最後まで使って節約大作戦

ほうれん草で。

年間を通じて出回っていますが、旬は緑色が濃くなり、肉厚で栄養価も高くなる冬。貧血予防に効果のある鉄をはじめ、カロテン、ビタミンB群、ビタミンCなどを含んでいます。和、洋、中のさまざまな調理法と味わいで楽しみましょう。

ほうれん草 1/2 束で

ほうれん草と牛肉の炒めもの

甘辛く炒めて、白いご飯にぴったりのおいしさに。たっぷりほうれん草もついペロリ。

材料（1人分）
- ほうれん草……1/2 束(150g)
- 牛切り落とし肉……80g
- 長ねぎ……10cm(20g)
- 片栗粉……小さじ1
- サラダ油……小さじ2
- A [酒、しょうゆ……各大さじ1 / 砂糖……小さじ1 / こしょう……少々]

367kcal

① 野菜を切り、牛肉に片栗粉をまぶす
ほうれん草は根元に十文字の切り目を入れ、7〜8cm幅に切る。長ねぎは1cm幅の斜め切りにする。ボウルに牛肉を入れ、片栗粉を加えてまぶしつける。

② ほうれん草を炒める
フライパンにサラダ油小さじ1を中火で熱し、①のほうれん草を入れて強火でさっと炒める。少ししんなりとしたら、取り出す。

③ 牛肉、長ねぎを炒める
②のフライパンにサラダ油小さじ1を足して中火で熱し、①の牛肉を入れてほぐしながら炒める。肉の色が変わったら、長ねぎを加えて炒め合わせる。

④ 調味してほうれん草を戻す
全体に油が回ったら火を止め、Aを加える。②を戻して中火にかけ、さっと炒めて器に盛る。

ほうれん草の ごま油あえ

(ほうれん草 1/3 束で)

ほうれん草だけでできる、超簡単なあえもの。
困ったときは、コレ。

材料（1人分）

ほうれん草……1/3束(100g)
ごま油……小さじ1/2
A [塩、こしょう……各少々
白いりごま……小さじ1/2]

46kcal

1 ほうれん草をゆでる

ほうれん草は根元に十文字の切り目を入れる。鍋にたっぷりの熱湯を沸かして塩少々（分量外）、ほうれん草を入れて30秒〜1分ゆでる。水にとって冷まし、水けをぎゅっと絞って3〜4cm長さに切る。

2 調味する

ボウルに❶を入れてごま油を加え、全体をよく混ぜる。Aを加えてさらに混ぜ、器に盛る。

ほうれん草と ベーコンのソテー

(ほうれん草 1/2 束で)

ベーコンから出た脂でほうれん草を炒め、
うまみを移します。

材料（1人分）

ほうれん草……1/2束(150g)
ベーコン（薄切り）
　　……2枚(40g)
サラダ油……小さじ1/2
塩、こしょう……各少々

208kcal

1 ほうれん草をゆでる

ほうれん草は根元に十文字の切り目を入れる。鍋にたっぷりの熱湯を沸かして塩少々（分量外）、ほうれん草を入れて1分ほどゆでる。水にとって冷まし、水けをぎゅっと絞って3〜4cm長さに切る。

2 ベーコンを切る

ベーコンは1cm幅に切る。

3 炒めて調味する

フライパンにサラダ油を中火で熱し、❷を入れて炒める。ベーコンがかりっとしたら、❶を加えてさっと炒め合わせる。塩、こしょうを加えてさっと炒め、器に盛る。

それでも野菜があまったときは、コレ！
とことん使いきり鍋レシピ

フランクフルトソーセージと野菜のポトフ

ごろんとダイナミックな大きさに切って仕上げます。
素材の持ち味をしみじみと味わいましょう。

材料（2回分）

フランクフルトソーセージ……4本(200g)
じゃがいも……大2個(400g)
キャベツ……1/4個(250g)
A ┌ 水……4カップ
　 └ 洋風スープの素(チキン・顆粒)……小さじ1/2
B ┌ 塩……小さじ1
　 └ こしょう……少々
粒マスタード、トマトケチャップ……各適量

1回分　491kcal　※煮汁は2/3量で計算。

下準備

- フランクフルトソーセージ▶ 両面に浅い斜めの切り込みを2本ずつ入れる。
- じゃがいも▶ 皮をむいて横半分に切り、水に5分ほどさらして水けをきる。
- キャベツ▶ 芯をつけたまま縦半分に切る。

1　鍋に材料を入れて煮る

鍋にA、じゃがいもを入れ、ふたをして中火にかける。煮立ったらフランクフルトソーセージ、キャベツを加える。再び煮立ったら弱火にし、Bを加えて15～20分煮る。

2　調味して仕上げる

キャベツがやわらかくなったら、1/2量を器に盛る。粒マスタード、トマトケチャップを添える。

こんなアレンジをしてもOK!

- フランクフルトソーセージの代わりに鶏骨つきぶつ切り肉や、ウインナソーセージを使う。
- キャベツの代わりにくし形に切った白菜を使う。
- 皮をむいて4つ割りにしたにんじんを加えてもおいしい。

最後まで使いきれなかった野菜の最終手段は、「鍋料理」！ これに尽きます。
おいしいコツは、野菜といっしょにソーセージや肉を煮込むこと。
うまみがじんわりとしみて、格別の味に仕上がります。

COLUMN 02

保存の仕方 よく冷まして密閉容器に入れ、冷蔵庫で保存を。日もちは2〜3日を目安に。食べるときは、鍋に入れて弱めの中火で温めたり、耐熱皿に盛ってふんわりとラップをかぶせて電子レンジで加熱します。

材料（2回分）
- 豚バラ薄切り肉……200g
- 大根……10〜12cm（400g）
- 白菜……小1/4個（300g）
- 酒……大さじ3
- 水……1カップ
- みそ……大さじ3

1回分 477kcal ※煮汁は2/3量で計算。

下準備
- 豚肉 ▶ 長さを半分に切る。
- 大根 ▶ 皮をむき、6つ割りにする。
- 白菜 ▶ 芯をつけたまま縦半分に切る。

1 鍋に材料を入れて煮る
土鍋（または鍋）に大根、白菜を入れて豚肉をのせて酒をふり、水を加える。ふたをして中火にかけ、煮立ったら弱火にして、20分ほど煮る。

2 調味して仕上げる
みそを溶き入れ、ふたをしてさらに10分ほど煮る。1/2量を取り分ける。

こんなアレンジをしてもOK!
- 💡 豚肉の代わりに油抜きをした油揚げ＋和風だしの素（顆粒）少々を使う。
- 💡 大根の代わりに皮をむいて半分に切ったじゃがいもを使う。
- 💡 白菜の代わりにくし形に切ったキャベツを使う。

豚肉、大根、白菜のみそ鍋

豚バラ肉の濃いうまみが広がります。
これを食べるために作りたくなる味。

65

COLUMN 02

ひき肉、なす、トマトのカレー鍋

火の通りの早い素材を使えば、スピーディーに作れます。
市販のルウで手早く簡単に。

材料（カレーは2回分・ご飯は1人分）

カレー
- 合いびき肉……150g
- なす……2個(160g)
- にんじん……1/2本(75g)
- トマト……1個(150g)
- サラダ油……大さじ1/2
- 水……3カップ
- カレーのルウ(市販品)……50g

温かいご飯……茶碗1杯分(150g)

1回分 617kcal

下準備

- **なす▶** へたを切り落として縦に3〜4カ所皮をむき、大きめの乱切りにする。
- **にんじん▶** 皮をむき、4つ割りにする。
- **トマト▶** 縦半分に切ってへたを取り除き、さらに縦3等分のくし形切りにする。

1 材料を炒める

フライパンにサラダ油を中火で熱し、ひき肉を入れてほぐしながら炒める。ひき肉の色が変わったら、なす、にんじんを加えて炒め合わせる。

2 煮る

全体に油が回ったら水を加え、ふたをする。煮立ったら弱火にし、15分ほど煮る。

3 トマトを加えて調味する

❷にトマトを加えてさっと煮、火を止める。カレーのルウを加えて全体を混ぜ、ふたをして5分ほどおく。

4 温めて仕上げる

❸を中火にかけて温める。器にご飯を盛り、カレーの1/2量をかける。

こんなアレンジをしても OK!

- 細かく刻んだほうれん草をトマトといっしょに加える。
- なすの代わりに皮をむいて一口大に切ったじゃがいもを使う。

PART 3

ささっと作れて、おなか大満足。

いつだって麺バンザイ！

パスタ、うどん、焼きそば、ラーメン。
愛してやまない麺レシピを取りそろえました。
どれも身近な素材や調味料だけで作れます。
具だくさんで栄養満点の一品完結料理が、勢ぞろい。
毎日の夕食に、休日のランチに、夜食にもおすすめです。

PART 3 いつだって麺バンザイ！

ブロッコリーとスパゲッティはいっしょにゆでて手間いらず。
ブロッコリーとベーコンのスパゲッティ

大人気のガーリックオイルスパゲッティです。
ベーコンのうまみ、ブロッコリーの食感がスパゲッティとおいしくマッチ。
ブロッコリーは、アスパラガスやいんげんに代えて作っても美味。

材料（1人分）
スパゲッティ……100g
ブロッコリー……小1/3株(70g)
ベーコン(薄切り)……3枚(60g)
赤唐辛子……1本
おろしにんにく(チューブ)……1cm
オリーブ油……大さじ1
塩……小さじ1/5

754kcal

下準備
ブロッコリー ▶	小房に切り分ける。
ベーコン ▶	1cm幅に切る。
赤唐辛子 ▶	へたを切り落として種を取り除き、5mm幅の小口切りにする。

1 スパゲッティをゆでる

鍋にたっぷりの湯を沸かし、塩大さじ1（分量外）、スパゲッティを入れる。袋に表示された時間どおりに中火でゆで始める。

2 ベーコンを炒める

フライパンにオリーブ油、ベーコンを入れ、弱めの中火で炒める。ベーコンに薄く焼き色がついたら、赤唐辛子、おろしにんにくを加える。いったん火を止めておく。

3 ブロッコリーを加えてゆでる

スパゲッティがゆで上がる1分30秒前になったら、ブロッコリーを加えていっしょにゆでる。スパゲッティがゆで上がったら、ざるに上げて水けをきる。

4 スパゲッティを加えて仕上げる

❷のフライパンを中火にかけ、❸のスパゲッティとブロッコリーを加えてさっと炒め合わせる。塩を加えて混ぜ、器に盛る。

PART 3 いつだって麺バンザイ！

パスタといえば、やっぱりコレ。
ナポリタン

ときどき無性に食べたくなる、甘いケチャップ味のナポリタン。
たっぷりの具を入れて作りましょ。

材料（1人分）
スパゲッティ……100g
ウインナソーセージ……3本(60g)
玉ねぎ……小1/2個(60g)
しいたけ(生)……2個(40g)
ピーマン……2個(70g)
オリーブ油……大さじ1と1/2
A ┌ トマトケチャップ……大さじ2
  └ 塩、こしょう……各少々
粉チーズ……大さじ1〜2

835kcal

下準備
- **ソーセージ** ▶ 2cm幅の斜め切りにする。
- **玉ねぎ** ▶ 縦に1cm幅に切る。
- **しいたけ** ▶ 軸を切り落とし、1cm幅に切る。
- **ピーマン** ▶ 縦半分に切ってへたと種を取り除き、1cm幅の斜め切りにする。

1 スパゲッティをゆでる
鍋にたっぷりの湯を沸かし、塩大さじ1（分量外）、スパゲッティを入れる。袋に表示された時間どおりに中火でゆで始める。

2 材料を炒める
フライパンにオリーブ油を中火で熱し、玉ねぎ、しいたけを入れてさっと炒める。玉ねぎが少ししんなりとしたら、ソーセージ、ピーマンを加えて炒め合わせる。いったん火を止めておく。

3 スパゲッティを加える
スパゲッティがゆで上がったら、ざるに上げて水けをきる。❷のフライパンを中火にかけ、スパゲッティを加えてさっと炒め合わせる。

4 調味する
Aを加えてさっと炒め合わせる。器に盛り、粉チーズをふる。

材料（1人分）

- スパゲッティ……100g
- むきえび……70g
- じゃがいも……1個(150g)
- 玉ねぎ……1/2個(80g)
- バター……大さじ1
- 小麦粉……小さじ2
- 牛乳……1カップ
- A [塩……小さじ1/4 / こしょう……少々]

814kcal

下準備

- えび ▶ 背わたを取り除き、1cm幅に切る。
- じゃがいも ▶ 皮をむいて1cm角に切り、水に5分ほどさらして水けをきる。
- 玉ねぎ ▶ 1cm四方に切る。

濃厚でリッチなソースが決め手。

えびとポテトのクリームスパゲッティ

ぷりっとしたえび、やわらかく煮えたじゃがいもがクリームソースとよく合います。

1 スパゲッティをゆでる
鍋にたっぷりの湯を沸かし、塩大さじ1（分量外）、スパゲッティを入れる。袋に表示された時間どおりに中火でゆで始める。

2 材料を炒める
フライパンにバターを弱火で溶かし、玉ねぎを入れて炒める。玉ねぎがしんなりとしたらえびを加え、中火にして炒め合わせる。

3 煮る
えびの色が変わったら、小麦粉を加えて炒め合わせる。粉っぽさがなくなったら、牛乳、Aを加えて混ぜる。混ぜながら1～2分煮て、とろりとしたらいったん火を止めておく。

4 じゃがいもを加えてゆでる
スパゲッティがゆで上がる4分ほど前になったら、じゃがいもを加えていっしょにゆでる。スパゲッティがゆで上がったら、ざるに上げて水けをきる。

5 スパゲッティを加えて仕上げる
❸のフライパンを中火にかけ、❹のスパゲッティとじゃがいもを加える。全体を混ぜ、器に盛る。

PART 3 いつだって麺バンザイ！

材料（1人分）

スパゲッティ……100g
鮭フレーク（瓶詰）……大さじ3
卵……1個
A ┌ 粉チーズ……大さじ2
　└ 塩……少々
粗びき黒こしょう……少々

594kcal

フライパンひとつでぜーんぶできます！

鮭フレークと卵のスパゲッティ

鮭フレークの塩けとうまみ、卵の口当たりがスパゲッティによく合います。

1 スパゲッティをゆでる

フライパンの八分目まで水を入れて湯を沸かし、塩小さじ2（分量外）、スパゲッティを入れる。袋に表示された時間どおりに中火でゆで始める。

2 具を混ぜる

ボウルに卵を溶きほぐし、鮭フレーク、Aを加えて混ぜる。

3 具とスパゲッティを混ぜて仕上げる

スパゲッティがゆで上がったら、ざるに上げて水けをきり、フライパンに戻し入れる。❷を加えて中火にかけ、全体を大きく混ぜる。卵に火が通ったら器に盛り、粗びき黒こしょうをふる。

材料（1人分）
スパゲッティ……100g
たらこ……小1/2はら(30g)
水菜……3株(80g)
バター……20g

579kcal

下準備
- たらこ ▶ 1cm幅に切る。
- 水菜 ▶ 根元を切り落とし、3〜4cm長さに切る。
- バター ▶ ボウルに入れ、室温に出してやわらかくする。

和風味の決定版。
たらこバタースパゲッティ
水菜を加えてしゃっきりとした歯ごたえをプラス。
たらこのプチプチとした口当たりも楽しい。

1
**スパゲッティを
ゆでる**
フライパンの八分目まで水を入れて湯を沸かし、塩小さじ2（分量外）、スパゲッティを入れる。袋に表示された時間どおりに中火でゆで始める。

2
**たらことバター
を混ぜる**
バターの入ったボウルにたらこを入れ、ざっと混ぜる。

3
**水菜を加えて
ゆでる**
スパゲッティがゆで上がる直前に水菜を加えていっしょにさっとゆでる。

4
**たらこバターを
加えて仕上げる**
❸をざるに上げて水けをきり、フライパンに戻し入れる。❷を加えて中火にかけ、全体を大きく混ぜて器に盛る。

PART 3 いつだって麺バンザイ！

炒める、煮るもフライパンひとつでOK！
肉うどん

牛肉を炒めて調味し、そこに冷凍うどんをポン！と入れて煮るだけで完成！
牛肉のうまみが煮汁に移ってたまらないおいしさ。
たっぷりわけぎを加えて、味と彩りのアクセントをつけます。

材料（1人分）

うどん(冷凍)……1玉
牛切り落とし肉……100g
わけぎ……3本(80g)
おろししょうが(チューブ)……1cm
サラダ油……小さじ1
酒……大さじ1
水……2カップ
A [みりん……大さじ1
    しょうゆ……大さじ1と2/3]
七味唐辛子……少々

633kcal ※煮汁は2/3量で計算。

下準備

わけぎ ▶ 3cm幅の斜め切りにする。

① 牛肉を炒める

フライパンにサラダ油を中火で熱し、牛肉を入れてほぐしながら炒める。

② 調味して煮る

牛肉の色が変わったらおろししょうがを加えてさっと炒め、酒をふって水を加える。煮立ったら弱火にしてアクを取り除き、Aを加える。ふたをして5〜6分煮る。

③ うどんを加える

うどんを加えて中火にし、上下を返す。ふたをしてさらに2〜3分煮る。

④ わけぎを加える

うどんがほぐれたらわけぎを加え、さっと煮る。器に盛り、七味唐辛子をふる。

PART 3 いつだって麺バンザイ！

さっぱりとこってりがおいしくミックス。
豚肉とキャベツの焼きうどん
しょうゆ味で仕上げて香ばしく。おかかもたっぷりふってうまみ満点。

材料（1人分）
- うどん（冷凍）……1玉
- 豚バラ薄切り肉……80g
- キャベツ……大2枚（100g）
- にんじん……5cm（50g）
- 玉ねぎ……小1/2個（60g）
- サラダ油……小さじ1
- 酒……大さじ1
- A [しょうゆ……大さじ1
     粗びき黒こしょう……少々]
- 削り節……1/2袋（3g）

710kcal

下準備
- 豚肉 ▶ 2cm幅に切る。
- キャベツ ▶ 5cm長さ、1.5cm幅に切る。
- にんじん ▶ 皮をむき、縦半分に切ってから薄い斜め切りにする。
- 玉ねぎ ▶ 縦に8mm幅に切る。

① うどんを蒸しゆでにする
フライパンに凍ったままのうどん、水1カップ（分量外）を入れ、ふたをして中火にかける。沸騰したら弱火にし、5〜6分蒸しゆでにする。ざるに上げて水けをきる。

② 具を炒める
①のフライパンをふいてサラダ油を中火で熱し、豚肉を入れてほぐしながら炒める。肉の色が変わったら、キャベツ、にんじん、玉ねぎを加えて炒め合わせる。

③ うどんを戻す
キャベツがしんなりとしたら、①を戻し入れて炒め合わせる。

④ 調味する
全体に油が回ったら酒をふり、Aを加えてさっと炒める。器に盛り、削り節をふる。

材料（1人分）

- うどん(冷凍)……1玉
- 豚ひき肉……100g
- 温泉卵……1個
- 小松菜……1/3束(100g)
- おろししょうが(チューブ)……1cm
- サラダ油……小さじ1
- 豆板醤……小さじ1/3～1/2
- 酒……大さじ1
- A
  - 砂糖……小さじ1
  - しょうゆ……大さじ1と1/2
  - 水……大さじ3～4

668kcal

下準備

小松菜 ▶ 根元を切り落とし、5mm幅に切る。

新しいおいしさ発見！
ピリ辛そぼろからめうどん

豆板醤をきかせた肉そぼろ、マイルドな味わいの温泉卵の相乗効果で、ぐっと奥深いおいしさに。

① うどん、小松菜をゆでる

鍋に水3カップ（分量外）を入れて沸かし、凍ったままのうどんを入れてゆでる。うどんがほぐれたら、小松菜を加えてさっとゆで、いっしょにざるに上げて水けをよくきる。

② ひき肉を炒める

①のフライパンをふいてサラダ油を熱し、ひき肉を入れてほぐしながら炒める。ひき肉の色が変わったら、おろししょうが、豆板醤を加えて炒め合わせる。

③ 調味して煮る

香りが立ったら酒をふり、**A**を加えて混ぜる。ふたをして弱火にし、汁けがなくなるまで5分ほど煮る。器に①を盛り、肉そぼろをかける。温泉卵を割り入れる。

PART 3　いつだって麺バンザイ！

焼きそばの王道メニューといえばコレ。
豚肉と野菜のソース焼きそば

豚肉と野菜を炒めて、焼きそば麺を加えてさらに炒め、ソースをジュッ！
この香りには、ついつい食欲がそそられます。ここでは定番の具に、うまみのあるしめじをプラス。
ひと味違うおいしさに仕上がります。

材料（1人分）
- 蒸し中華麺(焼きそば用)……1玉
- 豚バラ薄切り肉……80g
- しめじ……1パック(100g)
- 玉ねぎ……小1/2個(60g)
- キャベツ……大2枚(100g)
- サラダ油……小さじ1
- 酒……大さじ1
- A [ウスターソース……大さじ2
      塩、こしょう……各少々]
- 青のり粉…適量

798kcal

下準備
豚肉▶	2cm～3cm幅に切る。
しめじ▶	石づきを切り落とし、1～2本ずつにほぐす。
玉ねぎ▶	縦に8mm幅に切る。
キャベツ▶	5cm長さ、1cm幅に切る。

① 豚肉を炒める
フライパンにサラダ油を中火で熱し、豚肉を入れてほぐしながら炒める。

② 野菜を加える
肉の色が変わったら、しめじ、玉ねぎ、キャベツを加えて炒め合わせる。

③ 中華麺を加える
キャベツがしんなりとしたら、中華麺をほぐしながら加え、炒め合わせる。

④ 調味する
全体に油が回ったら酒をふり、Aを加えてさっと炒め合わせる。器に盛り、青のり粉をふる。

PART 3　いつだって麺バンザイ！

昼食、夕食にも大活躍！
ひき肉ともやしのカレー焼きそば
カレー粉のスパイシーな香りが決め手。ワンランク上のおいしさに。

材料（1人分）
- 蒸し中華麺(焼きそば用)……1玉
- 豚ひき肉……100g
- もやし……1/2袋強(150g)
- ピーマン……1個(35g)
- サラダ油……小さじ1
- 酒……大さじ1
- A ┌ カレー粉……大さじ2/3〜1
　　└ 塩……小さじ1/3

653kcal

下準備
- もやし ▶ 水洗いをし、ざるに上げて水けをきる。
- ピーマン ▶ 縦半分に切って、へたと種を取り除き、横に薄切りにする。

1 ひき肉、野菜を炒める
フライパンにサラダ油を中火で熱し、ひき肉を入れてほぐしながら炒める。ひき肉の色が変わったら、もやし、ピーマンを加えてさっと炒め合わせる。

2 麺を加える
もやしが少ししんなりとしたら、中華麺をほぐしながら加え、炒め合わせる。

3 調味する
全体に油が回ったら酒をふる。Aを加えてさっと炒め合わせ、器に盛る。

材料（1人分）

- 蒸し中華麺(焼きそば用)……1玉
- 豚ひき肉……80g
- 豆腐(木綿)……1/2丁(150g)
- にら……1/4束(25g)
- ごま油……小さじ1
- サラダ油……小さじ1
- 豆板醤……小さじ1/3〜1/2
- 酒……大さじ1
- 水……2/3カップ
- A
  - 砂糖……小さじ1
  - しょうゆ……大さじ1
- B
  - 片栗粉……大さじ1
  - 水……大さじ2

771kcal

下準備
- 豆腐 ▶ 1.5cm角に切る。
- にら ▶ 2cm長さに切る。

食べたらきっとハマります！
麻婆豆腐のせカリカリ焼きそば

宮城名物のB級グルメ・麻婆焼きそばをアレンジ。
香ばしく焼いた麺に、とろ〜りとアツアツのあんをかけて。

1 中華麺を焼く
フライパンにごま油を中火で熱し、中華麺をほぐしながら円形になるように入れる。フライ返して押さえながら2〜3分焼き、返して同様に焼いて器に盛る。

2 ひき肉を炒めて調味し、煮る
フライパンにサラダ油を中火で熱し、ひき肉を入れてほぐしながら炒める。ひき肉の色が変わったら、豆板醤を加えてさっと炒め、酒をふって水を加える。煮立ったらAを加えて混ぜる。ふたをして弱火にし、4〜5分煮る。

3 豆腐、にらを加えて仕上げる
小さなボウルにBを入れて混ぜておく。❷に豆腐、にらを加え、大きく混ぜながら1〜2分煮る。豆腐が薄く色づいたらBを加えてとろみをつけ、❶の麺にかける。

PART 3 いつだって麺バンザイ！

材料（1人分）
生ラーメン(みそ味)……1玉
豚ひき肉……80g
もやし……1/2袋強(150g)
ホールコーン(缶詰)……小1/2 缶弱(60g)
サラダ油……小さじ1
酒……大さじ1
水……2と1/2 カップ
バター……大さじ1/2
一味唐辛子……少々

722kcal ※スープは2/3量で計算。

下準備
- もやし ▶ 水洗いをしてざるに上げ、水けをきる。
- ホールコーン ▶ 汁けをきる。

生ラーメンで本格味に。
みそバターコーンラーメン

炒めた具をスープで煮て、うまみを移します。
仕上げのバターでリッチでコクのあるおいしさに。

1
ひき肉、ホールコーンを炒める
フライパンにサラダ油を中火で熱し、ひき肉、ホールコーンを入れてほぐしながら炒める。

2
調味して煮る
ひき肉の色が変わったら酒をふり、水を加える。煮立ったら添付のスープを加えて混ぜ、弱火にして3～4分煮る。いったん火を止めておく。

3
麺、もやしをゆで、仕上げる
鍋にたっぷりの湯を沸かして麺を入れ、袋に表示された時間どおりに中火でゆでる。麺がゆで上がる1分前にもやしを入れ、いっしょにゆでる。ざるに上げて水けをきり、器に盛る。温めた❷を注ぎ、バターをのせて一味唐辛子をふる。

材料（1人分）

生ラーメン(しょうゆ味)……1玉
焼き豚(市販品・薄切り)……40g
長ねぎ……10cm(20g)
A ┌ 豆板醤……小さじ1/4
　└ ごま油……小さじ1

481kcal　※スープは2/3量で計算。

下準備

焼き豚▶3〜4mm幅に切る。
長ねぎ▶縦半分に切ってから5mm幅の斜め切りにする。

お店に負けないおいしさ！
焼き豚＋長ねぎの豆板醤あえラーメン

焼き豚と長ねぎの太さをそろえて、
見た目も口当たりもよく。手軽に専門店の味が楽しめます。

1
焼き豚、長ねぎを調味する

ボウルに焼き豚、長ねぎを入れ、**A**を加えて混ぜる。

2
調味して煮る

フライパンに袋に表示された分量の水、添付のスープを入れ、中火にかける。煮立ったらいったん火を止めておく。

3
麺をゆで、仕上げる

鍋にたっぷりの湯を沸かして麺を入れ、袋に表示された時間どおりに中火でゆでる。ざるに上げて水けをきり、器に盛る。温めた❷を注ぎ、❶をのせる。

PART 3 いつだって麺バンザイ！

材料（1人分）
インスタントラーメン
（韓国風ピリ辛味）……1玉
カットわかめ（乾燥）……大さじ1/2

504kcal ※スープは2/3量で計算。

乾ラーメンだって絶品に。
韓国風ピリ辛ラーメン
乾燥カットわかめを加えてひと工夫するだけで、ヘルシー感がアップ。
磯の香りもおいしいアクセント。

1
スープを作る
フライパンに袋に表示された分量の水（分量外）、添付のスープを入れ、中火にかける。

2
麺、わかめを加える
煮立ったら、麺、カットわかめを入れ、ふたをして弱火にし、1分ほど煮る。

3
さらに煮る
全体を混ぜて麺をほぐし、さらに1〜2分煮て器に盛る。

材料（1人分）
インスタントラーメン(塩味)……1玉
添付のごま……1袋分
にんじん……3cm(30g)
玉ねぎ……小1/2個(60g)
キャベツ……大2枚(100g)
粗びき黒こしょう……少々

485kcal ※スープは2/3量で計算。

下準備
- にんじん ▶ 皮をむく。縦に8mm幅に切ってから縦に薄切りにする。
- 玉ねぎ ▶ 縦に8mm幅に切る。

野菜たっぷりがうれしい。
タンメン風ラーメン
冷蔵庫の残り野菜を入れて作ればOK。
カラフルな色合いに食欲もそそられます。

1 にんじん、玉ねぎを煮る
フライパンに袋に表示された分量の水と水1/3カップ（各分量外）を入れ、にんじん、玉ねぎを加えて中火にかける。煮立ったら弱火にし、ふたをして3分ほど煮る。

2 キャベツ、麺を加える
キャベツ、麺を加えて混ぜる。煮立ったらふたをして弱火にし、2〜3分煮る。

3 スープを加える
添付のスープとごまを加えて全体を混ぜ、器に盛って粗びき黒こしょうをふる。

思い立ったときにすぐ作れる！
ストック・ザ・乾麺

日本そばで

かにかまときゅうり のっけそば

かにかまぼこのやさしい甘み、きゅうりのしゃきしゃき感、貝割れ大根の辛みがそばとマッチ。

材料（1人分）

日本そば(乾麺)……80g
かにかまぼこ……大3本(60g)
きゅうり……1/2本(50g)
貝割れ大根……1/2パック(35g)
めんつゆ(市販品・ストレートタイプ)
　……1/3カップ

319kcal ※つゆは3/4量で計算。

下準備

かにかまぼこ ▶	細かくほぐす。
きゅうり ▶	薄い斜め切りにしてからせん切りにする。
貝割れ大根 ▶	根元を切り落とす。

① そばをゆでる

鍋にたっぷりの湯を沸かし、そばを入れて袋に表示された時間どおりにゆでる。ざるに上げて水けをきり、冷水につけてもみ洗いをする。再びざるに上げて水けをよくきる。

② 仕上げる

器に①を盛り、かにかまぼこ、きゅうり、貝割れ大根をのせ、めんつゆをかける。

COLUMN 03

乾麺を常備しておけば、いつでも使えて超便利。ここでは、野菜をたっぷり使ったバランス抜群の一品を紹介します。

材料（1人分）

- 日本そば(乾麺)……80g
- 鶏もも肉……小1/2枚(100g)
- なす……1個(80g)
- 長ねぎ……6cm(12g)
- サラダ油……小さじ1
- 酒……大さじ1
- 水……1と1/2カップ
- A[みりん……大さじ2
    しょうゆ……大さじ1と1/2]
- 七味唐辛子……少々

526kcal ※つゆは1/2量で計算。

下準備

- 鶏肉 ▶ 2cm角に切る。
- なす ▶ へたを切り落とし、縦に3〜4カ所皮をむいて1.5cm幅の半月切りにする。
- 長ねぎ ▶ 1cm幅の輪切りにする。

1 鶏肉を炒めて煮る

フライパンにサラダ油を中火で熱し、鶏肉を入れて炒める。肉の色が変わったら酒をふり、水を加える。煮立ったら弱火にしてアクをすくい取り、ふたをして6〜8分煮る。

2 つけ汁を作る

❶になすを加え、ふたをして5分ほど煮る。Aを加えて混ぜ、長ねぎを加えてふたをしてさらに3分ほど煮る。

3 そばをゆでる

鍋にたっぷりの湯を沸かし、そばを入れて袋に表示された時間どおりにゆでる。ざるに上げて水けをきり、冷水につけてもみ洗いをする。再びざるに上げて水けをよくきり、器に盛る。別の器に❷を盛り、七味唐辛子をふる。

鶏肉となすの
あったかつけ汁そば

鶏肉となす、長ねぎを甘辛く煮た特製のおつゆにそばをつけていただきます。おなかも大満足の仕上がり。

そうめんで

韓国風ビビン麺

ゆでたそうめんに豆板醤、
ごま油などの下味をしっかりつけるのがおいしさの秘訣。

材料（1人分）

そうめん(乾燥)……80g
卵……1個
きゅうり……1/2本(50g)
白菜キムチ……50g
サラダ油……小さじ1/2
A ┃ 豆板醤……小さじ1/4〜1/2
　┃ 酢、しょうゆ……各大さじ1/2
　┃ ごま油……小さじ1
白いりごま……小さじ1/5

488kcal

下準備

- 卵▶ ボウルに溶きほぐす。
- きゅうり▶ スライサーなどで4cm長さのせん切りにする。
- 白菜キムチ▶ 5mm幅に切る。

① いり卵を作る
フライパンにサラダ油を中火で熱し、溶き卵を入れる。大きく混ぜながら炒め、火が通ったら取り出す。

② 調味料を混ぜる
大きめのボウルに**A**の材料を入れて混ぜる。

③ そうめんをゆでる
鍋にたっぷりの湯を沸かし、そうめんを入れて袋に表示された時間どおりにゆでる。ざるに上げて水けをきり、冷水につけてもみ洗いをする。再びざるに上げて水けをよくきり、②に加えてよく混ぜる。

④ 仕上げる
器に③を盛り、①、きゅうり、キムチをのせてごまをふる。

COLUMN 03

材料（1人分）

そうめん（乾麺）……80g
ロースハム……3枚(45g)
玉ねぎ……小1/2個(60g)
レタス……3枚(100g)
ドレッシング
　┌ サラダ油、酢……各小さじ2
　└ 塩、こしょう……各少々
マヨネーズ……大さじ2
粗びき黒こしょう……少々

666kcal

下準備

ロースハム▶	半分に切って重ね、4〜5mm幅に切る。
玉ねぎ▶	縦に薄切りにして水に3分ほどさらし、水けをよくきる。
レタス▶	1枚は5〜6cm長さのせん切りにする。残りは大まかにちぎる。

① そうめんをゆでる

鍋にたっぷりの湯を沸かし、そうめんを入れて袋に表示された時間どおりにゆでる。ざるに上げて水けをきり、冷水につけてもみ洗いをする。再びざるに上げて水けをよくきり、大きめのボウルに移す。

② 混ぜる

別のボウルにドレッシングの材料を入れ、しっかりと混ぜてから、①に加えて混ぜる。ハム、玉ねぎ、せん切りのレタス、マヨネーズを加えてさらに混ぜる。

④ 仕上げる

器にちぎったレタスを敷き、②をのせる。粗びき黒こしょうをふる。

ハムと野菜の
そうめんサラダ

新しい味の発見ができます！
ハムとたっぷりの生野菜を混ぜて、洋風味に仕上げて。

COLUMN 03

冷や麦で

材料（1人分）

冷や麦(乾麺)……80g
長いも……6cm(120g)
トマト……小1/2個(50g)
きゅうり……1/2本(50g)
塩……小さじ1/3
練りわさび……少々

343kcal

下準備

長いも ▶	皮をむき、すりおろしてボウルに入れる。
トマト ▶	へたを取り除き、5mm角に切る。
きゅうり ▶	5mm角に切る。

1 とろろソースを作る
長いもの入ったボウルに塩を入れて混ぜる。

2 冷や麦をゆでる
鍋にたっぷりの湯を沸かし、冷や麦を入れて袋に表示された時間どおりにゆでる。ざるに上げて水けをきり、冷水につけてもみ洗いをする。再びざるに上げて水けをよくきる。

3 仕上げる
器に①を敷いて②を盛り、トマト、きゅうりを散らしてわさびをのせる。

冷や麦のとろろソース

器にすりおろした長いもを敷いて、カラフル野菜を散りばめます。
冷や麦をよ～くからめてどうぞ。

PART 4

作った料理が、驚きの大変身！
2回分おかず⇨
当日夕食＋翌日弁当

たとえば、ひき肉と野菜のカレーを2回分作ったら、
まずその日の夕食は、1/2量を白いご飯にのせてドライカレーに。
残りの1/2量はご飯と炒め、カレーチャーハンにして翌日の弁当に早変わり！
そんな、一度で2回活用できるレシピが続々と登場します！
作った料理のおいしい、楽しい展開術をぜひ、ご参考に。

PART 4　2回分おかず⇨当日夕食＋翌日弁当

スパイシーな香りに食欲アップ。
ひき肉と野菜のカレー

材料（2回分）
- 合いびき肉……150g
- ピーマン……2個（70g）
- なす……3個（240g）
- 玉ねぎ……1/2個（90g）
- サラダ油……大さじ1/2
- カレー粉……大さじ2〜3
- 酒……大さじ1
- A
  - 水……1/2カップ
  - トマトケチャップ……大さじ1
  - ウスターソース……大さじ1
  - 塩……小さじ1/2

全量 586kcal

下準備
- ピーマン▶ 縦半分に切ってへたと種を取り除き、1cm四方に切る。
- なす▶ へたを切り落とし、1.5cm幅のいちょう切りにする。
- 玉ねぎ▶ 粗みじん切りにする。

1　ひき肉を炒める
フライパンにサラダ油を中火で熱し、ひき肉を入れてほぐしながら炒める。

当日夕食　1/2量で

ドライカレー
半熟卵をくずしながら、カレーにからめていただきます。
さっぱりきゅうりを添えて味と食感のアクセントに。

729kcal

1　ご飯にカレーをかける
器に**温かいご飯茶碗1杯分強（200g）**を盛り、ひき肉と野菜のカレーをかける。

2　目玉焼きをトッピング
フライパンに**サラダ油少々**を中火で熱し、**卵1個**を割り落とす。卵の周りに焼き色がついたら弱火にし、半熟状になるまで焼く。カレーにのせ、**粗びき黒こしょう少々**をふる。

3　スティックきゅうりを添える
きゅうり1/2本（50g）は先端を切り落とし、4つ割りにして添える。

2 野菜を加える
ひき肉の色が変わったら、ピーマン、なす、玉ねぎを加えて炒め合わせる。

3 カレー粉を加える
なすがしんなりとしたら、カレー粉を加えて全体を炒める。

4 調味して煮る
粉っぽさがなくなったら酒をふり、Aを加えて混ぜる。煮立ったらふたをして弱火にし、ときどき全体を混ぜながら15分ほど煮る。

5 煮上がり
とろりとしたら完成。1/2量を弁当用に取り分け、よく冷ましてから密閉容器に入れて冷蔵庫で保存する。

翌日弁当 1/2量で

カレーチャーハン弁当

残ったカレーをご飯と炒めると、味がしっかりとなじんで格別のおいしさ。冷めてもおいしいので超おすすめ。

794kcal

2 ゆで卵をトッピング
ゆで卵*1個の殻をむき、縦半分に切って1/2量をのせる。

*作る場合は、鍋に卵1個、かぶるくらいの水を入れて中火にかけ、静かに転がしながらゆでる。沸騰したら弱火にし、10分ほどゆでる。冷水にとって冷ます。

3 生野菜を添える
きゅうり1/2本（50g）は先端を切り落とし、長めの乱切りにする。**プチトマト2個（20g）**はへたを取り除いて、添える。

1 カレーチャーハンを作って詰める
❶耐熱ボウルにひき肉と野菜のカレーを入れ、ふんわりとラップをかぶせて1分ほど加熱する。
❷フライパンに**サラダ油小さじ1**を中火で熱し、**温かいご飯茶碗1杯分強（200g）**を入れてほぐしながら炒める。①を加えて炒め合わせ、取り出してよく冷まし、弁当箱に詰める。

PART 4 2回分おかず□▷当日夕食＋翌日弁当

しみじみ和風味の煮ものが主役。
肉豆腐

材料（2回分）
●肉豆腐 992kcal
牛切り落とし肉……200g
豆腐（木綿）……1丁（300g）
長ねぎ……1/3本（30g）
小松菜……1/3束（100g）
サラダ油……大さじ1/2
酒……大さじ2
A
　水……1/2カップ
　みりん……大さじ2
　砂糖……大さじ1/2
　しょうゆ……大さじ3

●かぶときゅうりの浅漬け 42kcal
かぶ……2個（160g）
きゅうり……1本（100g）
塩……小さじ1/2

下準備

●肉豆腐
豆腐▶ 8等分に切る。
長ねぎ▶ 1.5cm幅の斜め切りにする。
小松菜▶ 根元を切り落とし、3〜4cm幅に切る。

●かぶときゅうりの浅漬け
かぶ▶ 皮をむき、3mm幅のいちょう切りにする。
きゅうり▶ 薄い輪切りにする。

全量 1034kcal

当日夕食

1/2量で

肉豆腐定食
肉豆腐は器に盛るだけ。できたてのおいしさを楽しみましょう。
あとは、浅漬け、ご飯を添えれば完成です。

769kcal

1
かぶときゅうりの
浅漬けを盛る

2
ご飯を盛る
器に温かいご飯茶碗1杯
分（150g）を盛る。

3
肉豆腐を盛る
器に肉豆腐を煮汁ごと
盛り、七味唐辛子少々
をふる。

1 かぶときゅうりの浅漬けを作る
ボウルにかぶ、きゅうりを入れ、塩を加えてまぶす。水2カップを入れたボウルを重ねて重しにし、30分ほどおく。しんなりとしたら水けを絞る。1/2量を弁当用に取り分け、密閉容器に入れて冷蔵庫で保存する。

2 牛肉を炒める
フライパンにサラダ油を中火で熱し、牛肉を入れてほぐしながら炒める。

3 調味して煮る
肉の色が変わったら酒をふり、Aを加えて混ぜる。煮立ったらふたをして弱火にし、5分ほど煮る。

4 さらに煮る
❸に豆腐、長ねぎ、小松菜を加え、煮汁をスプーンでかける。ふたをして、さらに5分ほど煮る。

5 煮上がり
豆腐が薄く色づいたら完成。1/2量を弁当用に取り分け、よく冷ましてから密閉容器に入れて、冷蔵庫で保存する。

翌日 弁当　1/2量で

肉豆腐の卵とじ丼弁当

卵で閉じてマイルドな味わいに。
おいしい煮汁ごとご飯にのせていただきましょう。

936kcal

1 肉豆腐の卵とじ丼を作って詰める
❶弁当箱に温かい**ご飯茶碗1杯分強（200g）**を詰めて冷ます。
❷フライパンに肉豆腐を入れて中火にかけ、煮立ったら**溶き卵1個分**を全体に流し入れる。卵に火が通ったら取り出して冷まし、①にのせる。

2 かぶときゅうりの浅漬けを詰める

PART 4　2回分おかず⇨当日夕食＋翌日弁当

リッチなおいしさをとことん堪能。
チキンのクリームシチュー

材料（2回分）

●チキンのクリームシチュー
852kcal

鶏もも肉（皮つき）……1枚(250g)
玉ねぎ……小1/2個(60g)
エリンギ……大2本(100g)
クリームコーン（缶詰）……1缶(190g)
A ［ 塩、粗びき黒こしょう……各少々
サラダ油……大さじ1/2
B ［ 白ワイン（または水）……大さじ2
　　 水……1/2カップ
C ［ 塩……小さじ1/3
　　 こしょう……少々
牛乳……1/2カップ

●にんじんとキャベツのマリネサラダ
294kcal

にんじん……1本(150g)
キャベツ……2枚(80g)
ドレッシング
［ サラダ油……大さじ2
　 酢……大さじ1
　 塩……小さじ1/4
　 こしょう……少々

全量 1146kcal

下準備

●チキンのクリームシチュー
- 鶏肉▶ 3cm角に切り、Aをふる。
- 玉ねぎ▶ 縦に1cm幅に切ってから、横半分に切る。
- エリンギ▶ 縦半分に切ってから、横に3cm幅に切る。

●にんじんとキャベツのマリネサラダ
- にんじん▶ 皮をむき、4〜5cm長さの細切りにする。
- キャベツ▶ 4〜5cm長さ、5mm幅に切る。

当日夕食　1/2量で

チキンのクリームシチュー スパゲッティ定食

ゆでたスパゲッティにかけてクリームスパに。シチューのほどよいとろみがよくからみます。

946kcal

1 にんじんとキャベツのマリネサラダを盛る

2 チキンのクリームシチュースパゲッティを作って盛る

❶鍋にたっぷりの水を沸かし、**塩大さじ1**、**スパゲッティ100g**を入れる。袋に表示された時間どおりに中火でゆでる。
❷①の水けをきって器に盛り、チキンのクリームシチューをかける。

1	2	3	4	5

鶏肉を焼く	**玉ねぎ、エリンギを加える**	**調味して煮る**	**牛乳を加える**	**にんじんとキャベツのマリネサラダを作る**
フライパンにサラダ油を中火で熱し、鶏肉の皮めを下にして入れて2分ほど焼く。返してさらに2分ほど焼く。	鶏肉の両面に焼き色がついたら、玉ねぎ、エリンギを加えて炒め合わせる。	玉ねぎがしんなりとしたら**B**、クリームコーンを加える。煮立ったら**C**を加えて混ぜ、ふたをして弱火にし、10分ほど煮る。	牛乳を加えて混ぜ、さっと温める。1/2量を弁当用に取り分け、よく冷ましてから密閉容器に入れて冷蔵庫で保存する。	ボウルににんじん、キャベツを入れ、ドレッシングの材料をしっかりと混ぜてからかけ、全体を混ぜる。1/2量を弁当用に取り分け、密閉容器に入れて冷蔵庫で保存する。

翌日弁当 1/2量で

チキンのクリームシチュードリア弁当

ご飯にシチューとチーズをのせて焼くだけ!冷ましている間にでかける準備をして時間を有効活用しましょう。

939kcal

1 チキンのクリームシチュードリアを作って詰める

❶耐熱ボウルにチキンのクリームシチューを入れ、ラップをふんわりとかぶせて2分ほど加熱する。
❷直径15cmのアルミケースに**温かいご飯茶碗1杯分(150g)**を詰め、①をかけて**ピザ用チーズ大さじ2(30g)**を散らす。
❸天板にのせ、オーブントースターに入れてこんがりと焼き色がつくまで4~5分焼く。よく冷ましてから詰める。

2 にんじんとキャベツのマリネサラダを詰める

PART 4　2回分おかず ⇨ 当日夕食＋翌日弁当

おいしい、楽しい発見ができます。
チリコンカン

材料（2回分）

●**チリコンカン**　846kcal
- 合いびき肉……150g
- 蒸し大豆(缶詰・ドライパック)……1缶(140g)
- 玉ねぎ……小1個(120g)
- 赤唐辛子……1本
- トマトの水煮(缶詰・カットタイプ)……1缶(400g)
- サラダ油……大さじ1
- 白ワイン(または酒)……大さじ2
- A
  - 洋風スープの素(チキン・顆粒)……小さじ1/2
  - 塩……小さじ2/3
  - こしょう……少々

●**野菜スティック**　34kcal
- にんじん……1/2本(75g)
- セロリ……小1本(70g)

全量　880kcal

下準備

●**チリコンカン**
- 玉ねぎ▶ 粗みじん切りにする。
- 赤唐辛子▶ へたを切り落として長さを半分に切り、種を取り除く。

●**野菜スティック**
- にんじん▶ 皮をむいて長さを半分に切り、1〜1.5cm角の棒状に切る。
- セロリ▶ 筋を取り除き、5〜6cm長さに切ってから縦に1〜1.5cm幅に切る。

当日夕食　1/2量で

チリコンカン定食
チリコンカンのおいしさをしみじみ味わうメニューです。
かりっと焼いたバゲットを添えて洋風テイストに。

688kcal

1　バゲットをトーストする
バゲット（小）9cm（60g）は3等分に切り、オーブントースターに入れて3〜4分焼く。

2　野菜スティックを盛る
器に野菜スティックを盛る。セロリの葉1枚を敷き、マヨネーズ大さじ1を絞る。

3　チリコンカンを盛る

1 玉ねぎを炒める
フライパンにサラダ油を中火で熱し、玉ねぎを入れて炒める。

2 ひき肉を加える
玉ねぎがしんなりとしたら、ひき肉を加えてほぐしながら炒め合わせる。

3 調味して煮る
ひき肉の色が変わったら白ワインをふり、大豆、赤唐辛子、トマトの水煮を加えて混ぜる。煮立ったらAを加えて混ぜ、ふたをして弱火にし、ときどき全体を混ぜながら15分ほど煮る。

4 煮上がり
汁けがほぼなくなったら、完成。1/2量を弁当用に取り分け、よく冷ましてから密閉容器に入れて冷蔵庫で保存する。

5 野菜スティックを作る
1/2量を弁当用に取り分け、密閉容器に入れて冷蔵庫で保存する。

翌日弁当 1/2量で チリコンカンドッグ弁当

ドッグパンにはさんでピザ用チーズをのせて、焼くだけ。冷めても充分おいしくいただけます。

989kcal

1 チリコンカンドッグを作る
❶耐熱ボウルにチリコンカンを入れてふんわりとラップをかぶせ、電子レンジで2分ほど加熱する。
❷バター大さじ1は耐熱ボウルに入れ、ラップをせずに10秒ほど加熱してクリーム状にする。
❸ドッグパン2本(100g)に縦に切り込みを入れて❷を塗り、❶を等分にはさんで、ピザ用チーズ大さじ2(30g)を半量ずつのせる。
❹天板に❸をのせ、オーブントースターに入れて焼き色がつくまで4～5分焼く。よく冷ます。

2 野菜スティックを詰める
容器に野菜スティックを詰める。セロリの葉1枚を敷き、マヨネーズ大さじ1を絞る。

PART 4 2回分おかず⇨当日夕食＋翌日弁当

中華風炒めもののおいしい活用術。
回鍋肉（ホイコーロー）

材料（2回分）

●回鍋肉　902kcal
- 豚バラ焼き肉用肉……200g
- キャベツ……4枚(160g)
- ピーマン……2個(70g)
- 玉ねぎ……小1/2個(60g)
- 赤唐辛子……1本
- サラダ油……小さじ1
- 合わせ調味料
  - みそ……大さじ2
  - 砂糖、酒……各大さじ1

●トマトのザーサイあえ　60kcal
- トマト……1個(150g)
- 味つけザーサイ(瓶詰)……20g
- A
  - ごま油……小さじ1/2
  - 塩、白いりごま……各少々

全量　962kcal

下準備

●回鍋肉
- キャベツ▶ 3〜5cm四方に切る。
- ピーマン▶ 縦半分に切ってへたと種を取り除き、一口大の乱切りにする。
- 玉ねぎ▶ 縦3等分のくし形切りにしてから、横半分に切る。
- 赤唐辛子▶ へたを切り落として長さを半分に切り、種を取り除く。

●トマトのザーサイあえ
- トマト▶ 縦半分に切ってへたを取り除く。縦4等分のくし形切りにしてから、横半分に切る。
- ザーサイ▶ 3mm幅に切る。

当日夕食 1/2量で

回鍋肉定食
作ったおかず2品を盛りつけて、ご飯を添えればでき上がり。栄養バランスも抜群なうれしい献立です。

733kcal

1 トマトのザーサイあえを盛る

2 ご飯を盛る
器に温かいご飯茶碗1杯分（150g）を盛る。

3 回鍋肉を盛る

1 合わせ調味料を作る
ボウルに合わせ調味料の材料を入れ、スプーンでよく混ぜてみそを溶かす。

2 豚肉を焼く
フライパンにサラダ油を中火で熱し、豚肉を入れて2分ほど焼く。返してさらに2分ほど焼く。余分な脂をペーパータオルでふき取る。

3 野菜、赤唐辛子を加える
豚肉の両面に焼き色がついたら、キャベツ、ピーマン、玉ねぎ、赤唐辛子を加えて炒め合わせる。全体に油がまわったら、ふたをして弱火にし、1～2分ほど蒸し焼きにする。

4 調味する
キャベツがしんなりとしたら❶を加え、さっと炒め合わせる。1/2量を弁当用に取り分け、よく冷ましてから密閉容器に入れて冷蔵庫で保存する。

5 トマトのザーサイあえを作る
ボウルにトマト、ザーサイを入れ、**A**を加えて混ぜる。1/2量を弁当用に取り分け、密閉容器に入れて冷蔵庫で保存する。

翌日弁当 1/2量で　回鍋肉丼弁当

ご飯に回鍋肉をのせ、さらにふわふわ卵をトッピング。卵のマイルドな味わいが加わっておいしさ倍増！

937kcal

2 トマトのザーサイあえを詰める

1 回鍋肉丼を作って詰める
❶弁当箱に**温かいご飯茶碗1杯分強（200g）**を詰めて冷ます。
❷耐熱ボウルに回鍋肉を入れ、ふんわりとラップをかぶせて電子レンジで2分ほど加熱し、冷ます。
❸フライパンに**サラダ油小さじ1**を中火で熱し、**溶き卵1個分**を入れる。へらで混ぜながらいり卵を作って取り出し、冷ます。
❹①に②、③を順にのせる。

PART 4 2回分おかず⇒当日夕食＋翌日弁当

お総菜の定番レシピをマスター。

筑前煮

材料（2回分）

●筑前煮　774kcal
- 鶏もも肉(皮つき)……1枚(250g)
- れんこん……小1節(150g)
- にんじん……1本(150g)
- サラダ油……大さじ1/2
- 酒……大さじ1
- A ┌ 水……1/3カップ
  ├ みりん……大さじ1
  └ 砂糖……小さじ1
- しょうゆ……大さじ1と1/2

●小松菜のじゃこあえ　38kcal
- 小松菜……1/2束(150g)
- ちりめんじゃこ……大さじ2

全量 812kcal

下準備

●筑前煮
- 鶏肉▶ 3cm角に切る。
- れんこん▶ 皮をむいて1cm幅の半月切りにし、水洗いをして水けをふく。
- にんじん▶ 皮をむき、一口大の乱切りにする。

●小松菜のじゃこあえ
- 小松菜▶ 根元に十文字の切り目を入れる。たっぷりの熱湯に塩少々(分量外)、小松菜を入れて30秒〜1分ゆでる。水にとって冷まし、水けをぎゅっと絞って3cm長さに切る。

当日夕食 1/2量で

筑前煮定食

作ったおかずを器に盛って、白いご飯を添えた和風献立です。野菜もいっぱい食べられて超ヘルシー。

658kcal

1 小松菜のじゃこあえを盛る

2 ご飯を盛る
器に温かいご飯茶碗1杯分（150g）を盛る。

3 筑前煮を盛る

1 鶏肉を焼く
フライパンにサラダ油を中火で熱し、鶏肉の皮めを下にして入れて2分ほど焼く。返してさらに2分ほど焼く。

2 野菜を加える
両面に焼き色がついたら、れんこん、にんじんを加えてさっと炒め合わせる。

3 調味して煮る
全体に油が回ったら酒をふり、**A**を加えて混ぜる。煮立ったらふたをして弱火にし、7〜8分煮る。

4 しょうゆを加えて煮る
しょうゆを加えて全体を混ぜ、汁けがほぼなくなるまでふたをしてさらに5〜6分煮る。1/2量を弁当用に取り分け、よく冷ましてから密閉容器に入れて冷蔵庫で保存する。

5 小松菜のじゃこあえを作る
ボウルに小松菜を入れ、ちりめんじゃこを加えて混ぜる。1/2量を弁当用に取り分け、密閉容器に入れて冷蔵庫で保存する。

翌日 弁当　1/2量で

筑前煮弁当

作ったおかずとご飯を詰めるだけの簡単弁当。「とにかく時間がない」というときでも、これなら大丈夫。

660kcal

1 ご飯を詰め、梅干しをのせる
弁当箱に**温かいご飯茶碗1杯分（150g）**を詰めて冷まし、**梅干し小1個**をのせる。

2 筑前煮を詰める
耐熱ボウルに筑前煮を入れ、ふんわりとラップをかぶせて電子レンジで2分ほど加熱し、冷ます。

3 小松菜のじゃこあえを詰める

PART 4　2回分おかず⇨当日夕食＋翌日弁当

サクサクの長いもを加えて。
えびのチリソース炒め

下準備
- **えびのチリソース炒め**
  - えび▶ 背わたを取り除き、水洗いをして水けをふく。
  - 長いも▶ 皮をむき、2cm幅のいちょう切りにする。
- **サニーレタスときゅうりのサラダ**
  - サニーレタス▶ 縦半分に切ってから横に4cm幅に切る。
  - きゅうり▶ 縦半分に切ってから薄い斜め切りにする。

材料（2回分）

● えびのチリソース炒め　446kcal
- むきえび（小）……150g
- 長いも……10cm（150g）
- 長ねぎのみじん切り……大さじ1弱（10g）
- 合わせ調味料
  - トマトケチャップ……大さじ3
  - 水……大さじ2
  - 豆板醤……小さじ1/3～1/2
  - 砂糖……小さじ1
  - 塩……小さじ1/4
- 片栗粉……小さじ2
- サラダ油……大さじ1
- 酒……大さじ1
- ごま油……小さじ1/2

● サニーレタスときゅうりのサラダ　92kcal
- サニーレタス……2～3枚（120g）
- きゅうり……1/2本（50g）
- ドレッシング
  - ポン酢しょうゆ……大さじ1
  - ごま油……大さじ1/2
  - こしょう……少々

全量　538kcal

当日夕食　1/2量で

えびのチリソース炒め定食

えびチリ本来の味を楽しむなら、白いご飯で食べるのがいちばん。調味料の絶妙の合わせワザが光ります。

521kcal

1　サニーレタスときゅうりのサラダを盛る

2　ご飯を盛る
器に温かいご飯茶碗1杯分（150g）を盛る。

3　えびのチリソース炒めを盛る

1 合わせ調味料を作る
ボウルに合わせ調味料の材料を入れてよく混ぜる。

2 えびを炒める
えびに片栗粉をまぶしつける。余分な片栗粉をはたいて落とす。フライパンにサラダ油を中火で熱し、えびを入れて炒める。

3 野菜を加える
えびの色が変わったら、長いも、長ねぎを加えてさっと炒め合わせる。全体に油が回ったら酒をふり、ふたをして弱火で1分ほど蒸し焼きにする。

4 調味する
3に1を加えてさっと炒め合わせ、ごま油をふって混ぜる。1/2量を弁当用に取り分け、よく冷ましてから密閉容器に入れて冷蔵庫で保存する。

5 サニーレタスときゅうりのサラダを作る
ボウルにサニーレタス、きゅうり各1/2量を入れる。ドレッシングの材料をしっかりと混ぜてから1/2量をかけ、全体を混ぜる。残りの野菜を弁当用に取り分け、密閉容器に入れて冷蔵庫で保存する。ドレッシングは別の容器に入れて同様に保存する。

翌日弁当 1/2量で　えびチリ入り卵焼きサンド弁当

えびチリを加えた卵液をふんわりと焼いてサンドイッチに。トーストした食パンとの相性も抜群。　**863kcal**

1 えびチリ入り卵焼きサンドを作って詰める
❶ボウルに**卵2個**を溶きほぐし、えびのチリソース炒めを加えて混ぜる。
❷フライパンに**サラダ油大さじ1/2**を中火で熱し、①を流し入れて全体を軽く混ぜる。半熟状になったらふたをして弱火にし、3分ほど蒸し焼きにする。返してさらに3分ほど蒸し焼きにして取り出す。
❸耐熱ボウルに**バター大さじ1と1/2**を入れ、ラップをかぶせずに電子レンジで10秒ほど加熱してクリーム状にする。
❹**食パン（8枚切り）2枚**はトースターで2〜3分焼き、片面に③を塗る。
❺④に②をのせてはさみ、皿などをのせて重しにし、5分ほどおいて落ち着かせる。食べやすく切る。

2 サニーレタスときゅうりのサラダを詰める
ドレッシングの容器をよくふって混ぜ、サラダにかける。

ちょっと加えておいしく、ヘルシー。
栄養バランスアップ朝ごはん

食パンで

チーズをのせてこんがりと焼き上げます。
目玉焼き ＋ トマトのせ

材料と作り方（1人分）

❶ **トマト小1個(120g)** はへたを取り除き、5mm幅の輪切りにする。
❷ フライパンに **サラダ油少々** を中火で熱し、**卵1個** を割り入れて目玉焼きを作る。**塩少々** をふり、1～2分焼いて取り出す。
❸ **バター大さじ1** は耐熱ボウルに入れ、ラップをかぶせずに10秒ほど加熱してクリーム状にする。
❹ **食パン（6枚切り）1枚** の片面に③を塗り、①を敷いてから②をのせて **ピザ用チーズ大さじ2(30g)** を散らす。オーブントースターに入れ、チーズが溶けるまで3～4分焼いて器に盛る。

477kcal

マヨネーズであえたコーンが焼けて香ばしい！
ハム ＋ コーンのマヨあえのせ

材料と作り方（1人分）

❶ **ホールコーン（缶詰）小1/2缶弱（50g）** は汁けをきってボウルに入れ、**マヨネーズ大さじ1** を加えて混ぜる。
❷ **バター大さじ1** は耐熱ボウルに入れ、ラップをかぶせずに10秒ほど加熱してクリーム状にする。
❸ **食パン（6枚切り）1枚** の片面に②を塗り、**ロースハム2枚（30g）** を少しずらしてのせて①を広げる。オーブントースターに入れ、薄く焼き色がつくまで3～4分焼いて器に盛る。

428kcal

ちくわの塩け、マヨ＋しょうゆであえた水菜は格別。
ちくわ ＋ 水菜のせ

材料と作り方（1人分）

❶ **ちくわ小1本（30g）** は長さを半分に切ってから、縦半分に切る。
❷ **水菜小2株（50g）** は根元を切り落とし、4cm長さに切る。ボウルに入れ、**マヨネーズ大さじ1**、**しょうゆ小さじ1** を加えて混ぜる。
❸ **バター大さじ1** は耐熱ボウルに入れ、ラップをかぶせずに10秒ほど加熱してクリーム状にする。
❹ **食パン（6枚切り）1枚** の片面に③を塗り、①、②をのせる。オーブントースターに入れ、薄く焼き色がつくまで4～5分焼いて器に盛る。

379kcal

COLUMN 04

「時間がないから」といって、朝食抜きだったり、トーストとコーヒーだけだったりしませんか？
朝食は、1日を気持ちよくスタートするためにも、とても大切。
少しだけ工夫して、体にもおいしい食事作りを心がけましょう。

ヘルシー素材の代表格・アボカドを使って。

アボカド＋チーズのせ

材料と作り方（1人分）

❶**アボカド1/2個（100g）**は種を取り除いて皮をむき、5mm幅に切って**レモン汁少々**をふる。
❷**バター大さじ1**は耐熱ボウルに入れ、ラップをかぶせずに10秒ほど加熱してクリーム状にする。
❸**食パン（6枚切り）1枚**の片面に②を塗り、①をのせて**ピザ用チーズ大さじ2（30g）**を散らす。オーブントースターに入れ、焼き色がつくまで4～5分焼いて器に盛る。

493kcal

マヨネーズであえて、絶対おいしいテッパンの合わせワザ。

ツナ＋玉ねぎのせ

材料と作り方（1人分）

❶**ツナの油漬け（缶詰）小1/2缶（40g）**は汁けをきってほぐす。**玉ねぎ小1/2個（60g）**は横に薄切りにする。
❷ボウルに①を入れて**マヨネーズ大さじ1**を加えて混ぜる。
❸**バター大さじ1**は耐熱ボウルに入れ、ラップをかぶせずに10秒ほど加熱してクリーム状にする。
❹**食パン（6枚切り）1枚**の片面に③を塗り、②をのせる。オーブントースターに入れ、焼き色がつくまで4～5分焼いて器に盛る。**粗びき黒こしょう少々**をふる。

417kcal

キャベツをマヨであえ、焼くときにもマヨを絞ってダブル使いに。

キャベツ＋マヨネーズのせ

材料と作り方（1人分）

❶**キャベツ2枚（80g）**は3～4cm長さのせん切りにしてボウルに入れ、**ちりめんじゃこ大さじ2、マヨネーズ大さじ1、塩、こしょう各少々**を加えて混ぜる。
❷**バター大さじ1**は耐熱ボウルに入れ、ラップをかぶせずに10秒ほど加熱してクリーム状にする。
❸**食パン（6枚切り）1枚**の片面に②を塗って①をのせ、**マヨネーズ大さじ1**を絞る。オーブントースターに入れ、4～5分焼いて器に盛る。

446kcal

ご飯で

ごま油を加えてパンチのある味に。
キムチ＋のりのせ

材料と作り方（1人分）
① **白菜キムチ50g** は1cm幅に切る。**長ねぎ5cm（10g）**は薄い輪切りにする。
② ボウルに①を入れ、**ごま油小さじ1、しょうゆ小さじ1/2**を加えて混ぜ、**白いりごま少々**を加えてさっと混ぜる。
③ **焼きのり(全形)1/2枚**はポリ袋に入れ、上から細かくもむ。
④ 器に**温かいご飯茶碗1杯分（150g）**を盛り、③、②の順にのせる。

`323kcal`

淡泊な豆腐にうまみの強いザーサイを加えて。
豆腐＋ザーサイのせ

材料と作り方（1人分）
① **豆腐（木綿）1/4丁（75g）**は手でくずしてボウルに入れる。
② **味つけザーサイ（瓶詰）20g**はみじん切りにする。
③ ①に②、**ごま油小さじ1、塩小さじ1/5、こしょう少々**を入れて混ぜる。
④ 器に**温かいご飯茶碗1杯分（150g）**を盛り、③をのせる。

`354kcal`

ほんのり甘辛いお揚げとさっぱり味の貝割れ大根のコンビ。
油揚げ＋貝割れ大根のせ

材料と作り方（1人分）
① **油揚げ1/2枚（20g）**はペーパータオルを敷いた耐熱皿にのせ、ラップをかぶせずに電子レンジで20秒ほど加熱し、油抜きをする。縦半分に切ってから横に5mm幅に切る。
② **貝割れ大根10g**は根元を切り落とし、長さを半分に切る。
③ ボウルに**みりん、しょうゆ各大さじ1**を入れて混ぜ、①を加えてからめる。②を加えてさっと混ぜる。
④ 器に**温かいご飯茶碗1杯分（150g）**を盛り、③をのせる。

`387kcal`

COLUMN 04

わさびをキリッときかせて味にメリハリをつけます。
温泉卵＋わかめのせ

材料と作り方（1人分）
❶ **カットわかめ（乾燥）大さじ 1/2** は水に3分ほどつけてもどし、水けを絞る。
❷ 器に**温かいご飯茶碗1杯分（150g）**を盛り、①をのせる。**温泉卵1個**を割り入れ、**練りわさび少々**をのせて**しょうゆ少々**をかける。

339kcal

納豆のコリコリとした歯ごたえが楽しい。
納豆＋たくあんのせ

材料と作り方（1人分）
❶ **たくあん20g** は粗みじん切りにする。**長ねぎ2cm（4g）**は縦半分に切ってから薄切りにする。
❷ ボウルに**納豆1パック（50g）**を入れて粘りが出るまで混ぜ、①、**しょうゆ小さじ1**を加えてさっと混ぜる。
❸ 器に**温かいご飯茶碗1杯分（150g）**を盛り、②をのせる。

370kcal

明太子のピリッとした辛み、長いものさくさく感が抜群。
明太子＋長いものせ

材料と作り方（1人分）
❶ **辛子明太子小1/4はら（15g）**は1cm幅に切る。
❷ **長いも大4cm（70g）**は皮をむき、スライサーなどでせん切りにする。
❸ 器に**温かいご飯茶碗1杯分（150g）**を盛り、②、①の順にのせる。

312kcal

109

シリアルで

食欲がなくても、これならサクッと食べられます。
バナナ + 牛乳 かけ

材料と作り方（1人分）
❶ **バナナ1/2本（90g）** は皮をむき、6mm幅の斜め切りにする。
❷ 器に①、**シリアル20g**を盛り、**牛乳1/2カップ**を注ぐ。

193kcal

やさしい甘みがふわっと広がります。
ドライフルーツ + にんじんジュースかけ

材料と作り方（1人分）
❶ **アプリコット（乾燥）、プルーン（乾燥）各2個**は1cm四方に切る。
❷ 器に**シリアル 20g**、①を盛り、**にんじんジュース 1/2～2/3カップ**を注ぐ。

186kcal

健康素材の組み合わせで超ヘルシーに。
アボカド + 豆乳 かけ

材料と作り方（1人分）
❶ **アボカド 1/4個（50g）** は種を取り除いて皮をむく。縦3等分に切ってから、1cm幅に切る。
❷ 器に**シリアル（あればドライフルーツ入り）30g**、①を盛り、**豆乳 1/2～2/3カップ**を注ぐ。

222kcal

COLUMN 04

ヨーグルトで

いちご以外のジャムやマーマレードをかけても。
いちごジャムかけ
材料と作り方（1人分）
器に**プレーンヨーグルト100g**を盛り、**いちごジャム大さじ1**をかける。

103kcal

はちみつの素朴な甘みをプラスして豊かな味わいに。
キウイ＋はちみつかけ
材料と作り方（1人分）
❶ **キウイ大1/2個（60g）**は皮をむき、5mm幅の半月切りにする。
❷ 器に**プレーンヨーグルト100g**を盛り、①をのせて**はちみつ大さじ1/2～1**をかける。

120kcal

心も体もほっとなごむおいしさです。
きなこ＋黒みつかけ
材料と作り方（1人分）
器に**プレーンヨーグルト100g**を盛り、**黒みつ大さじ2/3～1**をかけ、**きなこ大さじ1**をふる。

118kcal

COLUMN 04

市販のスープに

卵 in わかめスープ

ふわっとマイルドな卵が、やさしい口当たり。

材料と作り方（1人分）
① 耐熱容器に**卵1個**を割り入れ、**わかめスープ（市販品）1袋**を加える。**水180㎖**を少しずつ加えながら全体を混ぜる。
② ふんわりとラップをかぶせて電子レンジで2分ほど加熱し、さっと混ぜる。

103kcal

にんじん in 春雨スープ

せん切りのにんじんを加えて歯ごたえをプラス。

材料と作り方（1人分）
① **にんじん10g**は皮をむいて2cm長さのせん切りにする。
② 耐熱容器に**春雨スープ（市販品）1袋**、①を入れ、**水1カップ**を加える。
③ ふんわりとラップをかぶせて電子レンジで1分〜1分30秒加熱し、さっと混ぜる。

47kcal

キャベツ in インスタントみそ汁

ざく切りの小松菜や白菜を使っても、もちろんOK。

材料と作り方（1人分）
① **キャベツ1/2枚（20g）**は4〜5cm長さ、5mm幅に切る。
② 耐熱容器に**油揚げとわかめのみそ汁（市販品）1袋**、①を入れ、**水160㎖**を加える。
③ ふんわりとラップをかぶせて電子レンジで1分〜1分30秒加熱し、さっと混ぜる。

36kcal

PART 5

もうひとつの調理器具として。
電子レンジはこんなに使える！

ひとり暮らしの必須アイテム、電子レンジ。
料理の温め直しのためだけに使っていませんか？
それはとてももったいない話！
実は電子レンジは料理を作ったり、調理の下ごしらえにも力を発揮するんです。
だから、コンロがひとつしかなくても、全然大丈夫。
ひとり暮らしの料理作りを全面バックアップしてくれます。

PART 5 電子レンジはこんなに使える！

使える！その1

蒸し鶏がふっくら、しっとり仕上がる！

電子レンジ調理イチ押しの素材は、鶏肉。
鍋で作ると時間がかかる蒸し鶏も、電子レンジで4分加熱するだけ！
しっとり仕上げるコツは、加熱したあとラップをかぶせたまま冷ますこと。

スイートチリソースを
ピリッときかせて。

蒸し鶏のせ エスニック風ご飯

材料
（蒸し鶏は2回分・そのほかは1人分）

蒸し鶏
　鶏もも肉（皮つき）……大1枚(300g)
　塩……少々
　酒……大さじ1
温かいご飯……茶碗1杯分(150g)
玉ねぎ……小1/2個(60g)
トマト……小1/2個(60g)
レタス……2〜3枚(80g)
スイートチリソース……大さじ2

1人分　522kcal

下準備
- 玉ねぎ▶ 縦に薄切りにする。水にさらして3分ほどおき、水けをよくきる。
- トマト▶ へたを取り除き、縦4等分のくし形切りにする。
- レタス▶ 水洗いをして水けをふき、食べやすい大きさにちぎる。

蒸し鶏を作る

① 鶏肉に下味をつける
鶏肉は余分な脂肪を取り除く。耐熱皿に鶏肉をのせて塩、酒をふってまぶし、反めを下にして置く。

② 加熱して冷ます
ラップをふんわりとかぶせ、電子レンジで4分ほど加熱する。ラップをかぶせたまま冷ます。

③ 仕上げる
1/2量を切り分け、皮を取り除いて粗くほぐす。残りはラップをかぶせて冷蔵庫で保存する*。器にレタスを敷いてご飯を盛り、蒸し鶏、玉ねぎ、トマトを合わせて盛る。スイートチリソースをかける。
＊日もちの目安は2〜3日。

本格中華おかずも、すぐ！
蒸し鶏ときゅうりの ごまあえ

材料（1人分）

蒸し鶏(→P114)……1/2量
きゅうり……1本(100g)
ごまだれ
　白すりごま……大さじ2
　みそ……大さじ1
　砂糖……大さじ1/2
　酢……大さじ2

278kcal

① 蒸し鶏をほぐし、きゅうりを切る
蒸し鶏は皮を取り除いて粗くほぐす。きゅうりはびんやすりこ木などで全体をたたき、4cm長さに切ってほぐす。

② ごまだれを作って仕上げる
ボウルにごまだれの材料を入れてよく混ぜる。器に①を合わせて盛り、ごまだれをかける。

粒マスタードの酸味と辛みがGOOD。
蒸し鶏とゆで卵の 粒マスタードあえ

材料（1人分）

蒸し鶏(→P114)……1/2量
ゆで卵*……1個
A　粒マスタード、オリーブ油……各大さじ1
　　塩、こしょう……各少々

＊作る場合は、鍋に卵1個とかぶるくらいの水を加えて中火にかけ、静かにころがしながらゆでる。沸騰したら弱火にし、10分ほどゆでる。冷水にとって冷ます。

368kcal

① 蒸し鶏、ゆで卵を切る
蒸し鶏は皮を取り除いて粗くほぐす。ゆで卵は殻をむき、6つ割りにする。

② 調味する
ボウルにAを入れて混ぜる。①を加えてさっと混ぜ、器に盛る。

PART 5 電子レンジはこんなに使える！

使える！その2

鶏胸肉の野菜巻き蒸しは、おいしく、きれい！

電子レンジのおすすめ鶏肉料理第2弾は、大人気の野菜巻き！
電子レンジで水分の多い鶏肉を加熱すると身がほどよく締まり、失敗しらず！
切り口もスパッと美しく仕上がります。

刺激的なおいしさに。

鶏肉の
キムチ巻き蒸し

材料（1人分）

鶏胸肉（皮なし）……小1枚（200g）
白菜キムチ……80g
貝割れ大根……1/4パック（25g）

258kcal

下準備

- 鶏肉 ▶ 厚みの半分のところに切り込みを入れ、1枚に開く。
- キムチ ▶ 2cm幅に切る。
- 貝割れ大根 ▶ 根元を落とす。

① 鶏肉にキムチをのせる

鶏肉を横長に置き、手前にキムチをのせる。

② 巻く

鶏肉を半分に折り、つま楊枝3〜4本で鶏肉の重なった部分を縫うように留める。

③ 加熱する

耐熱皿に②のつま楊枝の部分を下にしてのせ、ラップをふんわりとかぶせる。電子レンジで6分ほど加熱し、そのままおいて粗熱を取る。つま楊枝を取って食べやすい大きさに切り、器に盛る。貝割れ大根を添える。

しみじみ味が楽しめます。
鶏肉の ねぎみそ巻き蒸し

材料（1人分）
鶏胸肉(皮なし)
　……小1枚(200g)
長ねぎ……10cm(20g)
みそ……大さじ1
きゅうり……1/2本(50g)

263kcal

① 鶏肉にみそを塗って長ねぎをのせる
鶏肉は厚みの半分のところに切り込みを入れ、1枚に開く。鶏肉を横長に置き、手前と向こう側を各1.5cmずつ残してみそを塗り、長ねぎを置く。

② 巻く
鶏肉を半分に折り、つま楊枝3〜4本で鶏肉の重なった部分を縫うように留める。

③ 加熱する
耐熱皿に②のつま楊枝の部分を下にしてのせ、ラップをふんわりとかぶせる。電子レンジで6分ほど加熱し、そのままおいて粗熱を取る。つま楊枝を取って食べやすい大きさに切り、器に盛る。乱切りのきゅうりを添える。

レパートリーに加えたい。
鶏肉の チーズ+えのき巻き蒸し

材料（1人分）
鶏胸肉(皮なし)
　……小1枚(200g)
スライスチーズ……1枚
えのきだけ……1/2袋(50g)
焼きのり(全形)……1/4枚

284kcal

① 鶏肉にのり、チーズ、えのきだけをのせる
鶏肉は厚みの半分のところに切り込みを入れ、1枚に開く。鶏肉を横長に置き、のり、スライスチーズの順に重ねて根元を落としたえのきだけを置く。

② 巻く
鶏肉を半分に折り、つま楊枝3〜4本で鶏肉の重なった部分を縫うように留める。

③ 加熱する
耐熱皿に②のつま楊枝の部分を下にしてのせ、ラップをふんわりとかぶせる。電子レンジで6分ほど加熱し、そのままおいて粗熱を取る。つま楊枝を取って食べやすい大きさに切り、器に盛る。

PART 5 電子レンジはこんなに使える！

使える！その3

残りご飯があれば、あっと言う間に一品できる！

ご飯で作る、電子レンジならではの簡単、おいしい、驚きのレシピ。
ご飯は冷凍保存しておいたものでもいいし、ジャーに残ったものでもOK。
冷たいご飯は、一度電子レンジであたためてから調理してください。

いろんな具でアレンジしても。

ベーコンとアスパラガスのリゾット

材料（1人分）

温かいご飯……茶碗2/3杯分（100g）
ベーコン（薄切り）……1と1/2枚（30g）
グリーンアスパラガス……2本（60g）
玉ねぎ……小1/2個（50g）
A ┌ 水……2カップ
　├ 塩……小さじ1/5
　└ 粗びき黒こしょう……少々
B ┌ オリーブ油……大さじ1/2
　└ 粉チーズ……大さじ1

402kcal

下準備
- ベーコン▶ 1cm幅に切る。
- アスパラガス▶ 根元から半分のところまで皮をむき、2〜3cm幅の斜め切りにする。
- 玉ねぎ▶ 縦に5mm幅に切る。

❶ 煮汁を加熱する
耐熱容器にAを入れ、ラップをかぶせずに電子レンジで2分ほど加熱する。

❷ 具、ご飯を加える
❶にご飯、ベーコン、アスパラガス、玉ねぎを加え、ラップをふんわりとかぶせて電子レンジで3分ほど加熱する。

❸ 仕上げる
❷にBをかける。

しょうゆの香りがたまらない。
おかかと万能ねぎ入りおやき

材料（1人分）

温かいご飯……茶碗1杯分(150g)
卵……1個
削り節……1パック(5g)
万能ねぎ（小口切り）……3本
しょうゆ……小さじ2
ごま油……小さじ1

403kcal

1 混ぜる
ボウルにご飯を入れて卵を割り入れ、削り節、万能ねぎ、しょうゆを加えてよく混ぜる。4等分にし、薄い円形にまとめる。

2 加熱する
平たい耐熱皿にごま油を薄く塗って❶を重ならないように並べる。ラップをかぶせずに電子レンジで3分ほど加熱し、器に盛る。

簡単だけど本格派。
ザーサイのせおかゆ

材料（1人分）

温かいご飯
　　　……茶碗2/3杯分(100g)
水……1と1/2カップ
味つけザーサイ（瓶詰）……5g
長ねぎ……3cm
ごま油……小さじ1/2

191kcal

1 具を切る
ザーサイはせん切りにする。長ねぎは縦半分に切ってから薄い斜め切りにする。

2 ご飯を加熱する
耐熱容器にご飯、水を入れ、ふんわりとラップをかぶせて電子レンジで5分ほど加熱する。❶をのせ、ごま油をかける。

PART 5 電子レンジはこんなに使える！

使える！その4

野菜の下ゆで→調理がとにかく早っ！

電子レンジの次のお得意ワザは、スピーディーに野菜の下ゆでができること。もちろんゆでるときに必要な鍋も水も一切不要です。短時間で加熱するので、ビタミンの損失が少なくてすむのも魅力。

まずは下ゆで

じゃがいも大1個（200g）なら

芽を取り除いて水洗いをする。水けをつけたまま、耐熱ボウルに入れてふんわりとラップをかぶせ、電子レンジで5分ほど加熱。

材料（1人分）

じゃがいも……大1個（200g）
辛子明太子（ほぐす）……大さじ1
バター……大さじ1と1/2

305kcal

1 明太子とバターを混ぜる

耐熱ボウルにバターを入れ、ラップをかぶせずに電子レンジで10秒ほど加熱する。辛子明太子を加えて混ぜる。

2 じゃがいもを下ゆでして仕上げる

じゃがいもは下ゆでし（上記参照）、器に盛る。十文字の切り目を入れる。指で押さえて切り口を広げ、①をのせる。

シンプルに食べるなら。
じゃがいもの明太バターのせ

定番のおいしさ。
簡単ポテトサラダ

材料（1人分）

材料（1人分）
じゃがいも……大1個(200g)
玉ねぎ(みじん切り)……大さじ1
フレンチドレッシング(市販品)*
　……大さじ1
A ┌ マヨネーズ……大さじ1
　└ 塩……少々
粗びき黒こしょう……少々

＊作る場合は、酢小さじ1、サラダ油小さじ2、塩、こしょう各少々をしっかりと混ぜる。

298kcal

1 じゃがいもを下ゆでしてつぶす
じゃがいもは下ゆでし（左ページ参照）、乾いたふきんに包んで皮をむく。ボウルに移して熱いうちにフォークでつぶし、ドレッシングをふって混ぜ、冷ます。

2 玉ねぎを洗う
玉ねぎはさっと水洗いをし、水けを絞る。

3 混ぜる
❶に❷、Aを加えて混ぜ、器に盛る。粗びき黒こしょうをふる。

とにかくお手軽！
じゃがいもの
ごまみそかけ

材料（1人分）

じゃがいも……大1個(200g)
ごまみそ
┌ 白すりごま……大さじ2
│ 水……大さじ1
│ みそ……大さじ1/2
└ 砂糖……小さじ1

226kcal

1 ごまみそを作る
ボウルにごまみその材料を入れてよく混ぜる。

2 じゃがいもを下ゆでして仕上げる
じゃがいもは下ゆでし（左ページ参照）、乾いたふきんに包んで皮をむく。4つ割りにしてから横に2cm幅に切る。器に盛って❶をかける。

PART 5 電子レンジはこんなに使える！

まずは下ゆで

かぼちゃ 1/8 個（正味150g）なら

水洗いをし、わたと種をスプーンで取り除いて一口大に切る。水けをつけたまま、耐熱ボウルに入れてふんわりとラップをかぶせ、電子レンジで3分ほど加熱。

かぼちゃの甘みが際立ちます。
かぼちゃときゅうりのサラダ

材料（1人分）
かぼちゃ……1/8個(正味150g)
きゅうり……1/2本(50g)
塩……小さじ1/2
フレンチドレッシング（市販品）*……大さじ1/2
マヨネーズ……大さじ1

＊作る場合は、酢小さじ1/2 サラダ油小さじ1、塩、こしょう各少々をしっかりと混ぜる。

263kcal

① かぼちゃを下ゆでしてつぶす
かぼちゃは下ゆでし（上記参照）、熱いうちにドレッシングをふってフォークなどでつぶし、冷ます。

② きゅうりを塩もみする
きゅうりは薄い輪切りしてボウルに入れ、塩をふってもむ。しんなりとしたら水洗いをし、水けをぎゅっと絞る。

③ 混ぜる
❶に❷、マヨネーズを加えて混ぜ、器に盛る。

ビタミンたっぷり！
パンプキンスープ

材料（1人分）
かぼちゃ……1/8個（正味150g）
牛乳……2/3カップ
塩、こしょう……各少々

231kcal

1 かぼちゃを下ゆでしてつぶす
かぼちゃは下ゆでし（左ページ参照）、熱いうちにフォークでよくつぶす。

2 牛乳を加えて加熱する
耐熱ボウルに❶を入れ、牛乳を加えて混ぜ、塩、こしょうをふる。ふんわりとラップをかぶせて1分ほど加熱し、器に盛る。

おやつにも！
かぼちゃ茶巾

材料（1人分）
かぼちゃ……1/8個（正味150g）
砂糖……大さじ1〜2

171kcal

1 かぼちゃを下ゆでしてつぶす
かぼちゃは下ゆでし（左ページ参照）、熱いうちにフォークでよくつぶす。砂糖を加えてよく混ぜ、2等分にする。

2 ラップで絞る
ラップを15cm長さに切って❶を1個のせ、ぎゅっとねじって茶巾形にする。残りも同様に形作り、器に盛る。

PART 5 電子レンジはこんなに使える！

使える！その5

マグカップに材料を入れてチン。即席スープのでき上がり！

いつものごはんにこんなスープを添えると、ボリュームが出て充実度もアップ。
また、朝ごはん代わりにも大活躍します。
マグカップはかならず耐熱性のものを選んでください。

オリーブ油でコクをプラス。
しめじのコンソメスープ

材料（1人分）
- しめじ……1/2 パック(50g)
- 玉ねぎ……小1/4 個(30g)
- スープ
  - 水……2/3 カップ
  - 洋風スープの素（チキン・顆粒）……小さじ1/5
  - 塩、こしょう……各少々
- オリーブ油……小さじ1/2

39kcal

① 材料を切る
しめじは石づきを切り落とし、1本ずつにほぐす。玉ねぎは縦に薄切りにする。

② 加熱して仕上げる
マグカップに①、スープの材料を入れて混ぜる。ラップをふんわりとかぶせて電子レンジで3分ほど加熱し、オリーブ油をふる。

削り節でだしいらず。
くずし豆腐のみそスープ

材料（1人分）
- 豆腐(木綿)……1/4 丁(75g)
- 長ねぎ(薄い小口切り)……2cm
- 削り節……1/2 袋(3g)
- みそ……小さじ2
- 水……2/3 カップ

89kcal

① みそ、削り節を水で溶く
マグカップにみそ、削り節を入れ、分量の水を少しずつ加えながら溶きのばす。

② 豆腐を加え、加熱して仕上げる
①に豆腐をちぎって加える。ふんわりとラップをかぶせて電子レンジで3分ほど加熱し、長ねぎを散らす。

ぜひ、お試しを！
ベーコンとキャベツのスープ

材料（1人分）

ベーコン……1枚(20g)
キャベツ……小1枚(30g)
スープ
　[水……2/3カップ
　 塩、こしょう……各少々

88kcal

1 材料を切る
ベーコンは1cm幅に切る。キャベツは3〜4cm長さ、1cm幅に切る。

2 加熱する
マグカップに❶、スープの材料を入れて混ぜる。ラップをふんわりとかぶせて電子レンジで3分ほど加熱する。

仕上げにラー油をきかせて。
春雨のピリ辛スープ

材料（1人分）

春雨(乾燥)……8g
プチトマト……1個(10g)
長ねぎ……2cm
スープ
　[水……2/3カップ
　 鶏がらスープの素(顆粒)
　　……小さじ1/5
　 しょうゆ……小さじ1/2
　 塩、こしょう……各少々
ラー油……少々

45kcal

1 材料を切る
春雨はキッチンばさみで5〜6cm長さに切る。プチトマトはへたを取り除き、横に5mm幅に切る。長ねぎは5mm幅の小口切りにする。

2 加熱する
マグカップに❶、スープの材料を入れて混ぜる。ラップをふんわりとかぶせ、電子レンジで3分ほど加熱する。ラー油をふる。

まだまだあるんです！
電子レンジでできる下ごしらえ

油揚げの油抜き
表面の余分な油を取ります。みそ汁や煮ものに使うときに便利。

耐熱皿にペーパータオルを敷き、油揚げ1/2枚（20g）をのせる。ラップをかぶせずに電子レンジで20秒ほど加熱する。

調理に合わせて切る。

豆腐の水きり
ハンバーグのたねに入れたりするときに。

耐熱容器に豆腐（木綿）1/2丁（150g）をのせ、ラップをかぶせずに電子レンジで1分ほど加熱する。

水けをきって冷まし、ペーパータオルで水けをふく。

カリカリベーコン
刻んでサラダの具などに。

ベーコン（薄切り）2枚（40g）は長さを半分に切る。耐熱皿にペーパータオルを敷いてベーコンをのせ、ラップをかぶせずに電子レンジで1分20秒ほど加熱する。

表面の脂をペーパータオルでふく。

電子レンジは、こんな調理の下ごしらえもお得意です！
今までちょっと面倒だと思っていたことも、さまざまなテクとアイデアで
ぐんとスピーディーに！　ぜひ、トライしてみて。

COLUMN 05

いり卵

ご飯にのせたり、炒めものにするときに。

小さめの耐熱ボウルに卵1個を溶きほぐす。ふんわりとラップをかぶせ、電子レンジで20秒ほど加熱する。取り出して混ぜ、同様に20秒ほど加熱する。

全体をもう一度よく混ぜる。

カリカリじゃこ

ご飯にかけたり、サラダのトッピングにしたり。

耐熱皿にペーパータオルを敷き、ちりめんじゃこ大さじ3を広げる。ラップをかぶせずに電子レンジで30秒ほど加熱する。

冷ましてから使う。

やわらかバター

パンに塗るときに使う、クリーム状のもの。

耐熱ボウルにバター大さじ1を入れ、ラップをかぶせずに電子レンジで10秒ほど加熱する。

全体を混ぜてクリーム状にする。

127

チンするだけで、つけ合わせもすぐできます！

COLUMN 05

肉や魚のおかずに添えたい、野菜のつけ合わせ。
この方法なら、鍋もゆでるために必要なたっぷりの水も必要ないし、手早く作れて簡単です。

ゆでブロッコリー

ブロッコリー3房（50g）は水洗いをする。水けをつけたまま耐熱皿にのせ、ふんわりとラップをかぶせて電子レンジで30秒ほど加熱する。

ゆでアスパラガス

グリーンアスパラガス2本（60g）は根元から半分のところまで皮をむき、長さを3等分に切る。水洗いをし、水けをつけたまま耐熱皿にのせ、ふんわりとラップをかぶせて、電子レンジで40秒ほど加熱する。

ゆで青菜

青菜（小松菜やほうれん草など）1/5束（60g）は水洗いをし、根元を切り落として4〜5cm長さに切る。水けをつけたまま耐熱皿にのせ、ふんわりとラップをかぶせて電子レンジで30秒ほど加熱する。水にとって冷まし、水けをぎゅっと絞る。

ゆでさやいんげん

さやいんげん4本（30g）は水洗いをし、へたを切り落とし3〜4cm長さに切る。水けをつけたまま耐熱皿にのせ、ふんわりとラップをかぶせて電子レンジで30〜40秒加熱する。

PART 6

ストックしておくと超便利。
レトルト、缶詰、調味料は使ったもんがち！

レトルトのカレーやミートソース、ツナ缶やさば缶は、
ひとり暮らしの強い味方。
ちょっとしたアイデアをプラスするだけで、おいしく、ヘルシーな一品に早変わりします。
また、ゆずこしょうやスイートチリソース、豆板醤などの調味料の使いこなしテクも、必見！
いろんな活用法をマスターすれば、最後までムダなくおいしく使い尽くせます。

PART 6 レトルト、缶詰、調味料は使ったもんがち！

レトルトカレーで。

➕ **卵とピザ用チーズ**で。
焼きカレードリア
あつあつ、とろ〜りのおいしさを味わって。
卵とチーズのコクが加わって最高！

材料（1人分）
カレー（レトルト）……1袋(200g)
ご飯＊……茶碗1杯分(150g)
卵……1個
ピザ用チーズ……大さじ2(30g)

＊冷たいもの。温かいご飯の場合は、作り方❶で加熱しなくてよい。

734kcal

❶ ご飯を加熱する
耐熱容器にご飯を入れ、ふんわりとラップをかぶせて電子レンジで1分ほど加熱する。

❷ カレーをかける
❶の上にカレーをまんべんなくかける。

❸ 卵、ピザ用チーズをのせて仕上げる
❷の中央に卵を割り落とし、ピザ用チーズを全体にかける。オーブントースターに入れ、こんがりと焼き色がつくまで5〜6分焼く。

白いご飯にそのままかけるのではなく、こんなアイデアをプラスしてもっとおいしく、楽しく。カレーのスパイシーな香りと持ち味を生かして、ボリュームたっぷりの一品に仕上げました。

下準備

- **うどん** ▶ 耐熱皿に凍ったままのうどんをのせ、袋に表示されたとおりに電子レンジで加熱し、解凍する。
- **わけぎ** ▶ 根元を切り落とし、2cm幅の斜め切りにする。

① カレー、水を火にかける

フライパンにカレー、水を入れて混ぜ、中火にかける。

② うどん、わけぎを加える

煮立ったらうどん、わけぎを加えて混ぜる。

③ 牛乳を加える

再び煮立ったら、牛乳を加えて全体を混ぜ、さっと煮て器に盛る。

材料（1人分）

- カレー(レトルト)……1袋(200g)
- うどん(冷凍)……1玉
- わけぎ……2本(50g)
- 水……1/2カップ
- 牛乳……1/2カップ

619kcal

➕ うどんとわけぎと牛乳で。
クリーミーカレーうどん

カレーを水でのばして、
冷凍うどん、たっぷりわけぎと煮るだけ。
仕上げの牛乳がおいしさの秘密。

PART 6　レトルト、缶詰、調味料は使ったもんがち！

レトルトミートソースで。

＋かぼちゃと粉チーズで。
かぼちゃの ミートソースかけ

甘いかぼちゃと、こってりミートソースの味のコラボが新鮮！
仕上げの粉チーズで風味をプラス。

材料（1人分）
ミートソース（レトルト）……1袋(140g)
かぼちゃ……1/8個(正味150g)
粉チーズ……大さじ1〜2

360kcal

下準備

かぼちゃ▶水洗いをし、わたと種をスプーンで取り除く。横半分に切ってから、2cm幅に切る。

1 かぼちゃを加熱する

かぼちゃの水けをつけたまま、耐熱ボウルに入れてふんわりとラップをかぶせ、電子レンジで3分ほど加熱する。

2 ミートソースを加えて加熱する

①にミートソースを加えて混ぜ、ふんわりとラップをして電子レンジでさらに30秒ほど加熱する。

3 粉チーズを加えて仕上げる

1/2量の粉チーズを加えて混ぜ、器に盛る。残りの粉チーズをふる。

ひき肉とトマトソースのうまみがぎゅっと詰まったミートソースは、こんなおいしいアレンジがおすすめ！ 相性よしの素材と組み合わせてバラエティー豊かに楽しみましょう。

下準備
- 豆腐 ▶ 1.5cm角に切る。
- しめじ ▶ 石づきを切り落とし、1～2本ずつにほぐす。

1 しめじを炒める
フライパンにサラダ油を中火で熱し、しめじを入れて炒める。

2 ミートソースを加える
しめじがしんなりとしたら、ミートソース、水を加えて混ぜる。

3 豆腐を加えて仕上げる
煮立ったら豆腐を加え、豆腐をくずさないように注意しながら混ぜる。再び煮立ったら弱火にし、3～4分煮る。とろりとしたら、器に盛る。

材料（1人分）
- ミートソース（レトルト）……1袋(140g)
- 豆腐(木綿)……1/2丁(150g)
- しめじ……1パック(100g)
- サラダ油……大さじ1/2
- 水……大さじ3

374kcal

➕ しめじと豆腐 で。
洋風麻婆豆腐
うまみをぎゅっと濃縮した、炒めしめじを加えるのがポイント。いつもとひと味違う麻婆豆腐に。

PART 6 レトルト、缶詰、調味料は使ったもんがち!

レトルトクリームシチューで。

下準備

トマト▶ 縦半分に切ってへたを取り除く。さらに縦半分に切ってから横半分に切る。

1 クリームシチューを加熱する

耐熱容器にクリームシチューを入れ、ふんわりとラップをかぶせて電子レンジで1分ほど加熱する。

2 トマトを加える

❶にトマトを加えて粗びき黒こしょうをふる。

3 ピザ用チーズをのせて仕上げる

❷の全体にピザ用チーズをふる。オーブントースターに入れ、こんがりと焼き色がつくまで5～6分焼く。

✚ トマトとピザ用チーズで。
トマト入りクリームグラタン

トマトでさっぱり、ピザ用チーズでさらにクリーミーに。ごちそうグラタンがすぐできます!

材料(1人分)

クリームシチュー(レトルト)……1袋(210g)
トマト……小1個(120g)
ピザ用チーズ……大さじ2(30g)
粗びき黒こしょう……少々

327kcal

とろりとしたなめらかな口当たり、濃厚な味わいが人気のクリームシチュー。野菜やご飯をプラスして、さらなるおいしさに仕上げました！ 一度食べると、またすぐ作りたくなります。

下準備

ホールコーン ▶ 汁けをきる。

① クリームシチュー、水を火にかける

フライパンにクリームシチュー、水を入れて混ぜ、中火にかける。

② ホールコーンを加える

煮立ったら、ホールコーンを加えて混ぜる。

③ ご飯を加えて仕上げる

再び煮立ったらご飯を加えて混ぜ、弱火にして3分ほど煮る。器に盛り、バターをのせる。

材料（1人分）

クリームシチュー（レトルト）……1袋（210g）
ご飯（温かくても冷たくてもよい）
　　……茶碗1杯分弱（120g）
ホールコーン（缶詰）……小1/2 缶弱（50g）
水……1カップ
バター……大さじ1

522kcal

➕ **ご飯**と**ホールコーン**で。

コーン入りクリームシチューリゾット

まったりおいしいリッチな味わいのリゾットです。
コーンを加えて
甘みとおいしい歯ごたえをプラス。

135

PART 6　レトルト、缶詰、調味料は使ったもんがち！

ツナ缶で。

下準備
- ツナ ▶ 汁けをきる。
- 卵 ▶ ボウルに溶きほぐす。
- にんじん ▶ 皮をむき、スライサーなどで4cm長さの細切りにする。

① いり卵を作る
フライパンにサラダ油を中火で熱し、溶き卵を流し入れて大きく混ぜながら炒める。卵が半熟状になったら取り出す。

② にんじん、ツナを炒める
①のフライパンを中火で熱し、にんじんを入れて炒める。にんじんがしんなりとしたら、ツナを加えてさっと炒め合わせる。

③ 卵を戻して仕上げる
全体に油が回ったら①を戻し、塩、こしょうを加えて混ぜ、器に盛る。

✚ 卵とにんじんで。
ツナ、卵、にんじんの炒めもの

ツナのうまみ、卵のやわらかさ、にんじんのやさしい甘みが絶品の組み合わせ。

材料（1人分）
- ツナの油漬け（缶詰）……小1缶（80g）
- 卵……1個
- にんじん……1/2本（75g）
- サラダ油……小さじ1
- 塩、こしょう……各少々

281kcal

3缶パックのお買い得品を見つけたら、迷わずゲット！
日もちもするし、すぐに調理に使えるのでとても便利。
いろんな素材でアレンジしてみて、レパートリーを広げましょう。

下準備

- ツナ ▶ 汁けをきる。
- レタス ▶ 4〜5cm四方に切る。
- 長ねぎ ▶ 粗みじん切りにする。

1 長ねぎ、ツナを炒める

フライパンにサラダ油を弱火で熱し、長ねぎを入れて炒める。長ねぎがしんなりとしたらツナを加えてさっと炒める。

2 ご飯を加える

全体に油が回ったら中火にし、ご飯を加えてほぐしながら炒め合わせる。

3 レタスを加えて仕上げる

ご飯がパラパラにほぐれたら、レタスを加えて酒をふる。塩、こしょうを加えてさっと炒め、器に盛る。

材料（1人分）

- ツナの油漬け(缶詰) ……小1缶(80g)
- 温かいご飯……茶碗1杯分強(200g)
- レタス……3〜4枚(100g)
- 長ねぎ……5cm(10g)
- サラダ油……大さじ1/2
- 酒……小さじ1
- 塩、こしょう……各少々

546kcal

＋ご飯と長ねぎとレタスで。
ツナとレタスのチャーハン

しゃきしゃきのレタスの口当たりがおいしい、楽しい。
レタスは最後に加えてさっと炒めるのがコツ。

PART 6 レトルト、缶詰、調味料は使ったもんがち！

さば缶で。

1 にんにく、赤唐辛子を炒める
フライパンにオリーブ油、おろしにんにく、赤唐辛子を入れて弱火で炒める。

2 さばを加える
香りが立ったら中火にし、さばを加えてさっと炒める。いったん火を止めておく。

3 スパゲッティを加えて仕上げる
スパゲッティがゆで上がったら、ざるに上げて水けをきる。❷のフライパンを中火にかけ、スパゲッティを加えてさっと炒め合わせる。塩を加えて混ぜ、器に盛る。

➕ **スパゲッティ**と**おろしにんにく**と**赤唐辛子**で。

さば缶のガーリックスパゲッティ

さば缶の身がほろりとくずれて、スパゲッティにおいしくからみます。ピリッと辛みをきかせて。

材料（1人分）
- さばの水煮（缶詰）……1缶（190g）
- スパゲッティ……100g
- おろしにんにく（チューブ）……1cm
- 赤唐辛子……1本
- オリーブ油……大さじ1
- 塩……少々

849kcal

下準備
- スパゲッティ▶ 鍋にたっぷりの湯を沸かし、塩大さじ1（分量外）、スパゲッティを入れる。袋に表示された時間どおりにゆで始める。
- さば▶ 汁けをきり、粗くほぐす。
- 赤唐辛子▶ へたと種を取り除き、5mm幅に切る。

魚をおろすのが苦手な人でも、缶詰を使えば簡単においしくスピーディに作れます。うまみたっぷりのさば缶は、ひとワザを加えるだけでこんなごちそうに早変わり！さっそくトライしてみて。

① さばを温める
フライパンにさばを缶汁ごと入れ、中火にかける。

② しめじを加える
煮立ったら酒をふり、しめじを加える。ふたをして弱火にし、3～4分蒸し煮にする。

③ 長ねぎを加えて仕上げる
長ねぎを加え、ふたをしてさらに2～3分蒸し煮にする。長ねぎがしんなりとしたら、器に盛る。

材料（1人分）

さばのみそ煮(缶詰)……1缶(190g)
しめじ……1パック(100g)
長ねぎ……1/2本(50g)
酒……大さじ1

458kcal

下準備
- しめじ▶石づきを切り落とし、1～2本ずつにほぐす。
- 長ねぎ▶2cm幅の斜め切りにする。

✚ しめじと長ねぎで。
野菜入りさばのみそ煮

さばのみそ煮缶は野菜をプラスしてボリュームアップ。独特のクセもなくなっておいしさが倍増します。

PART 6 レトルト、缶詰、調味料は使ったもんがち！

大豆缶で。

➕ ちりめんじゃことごまで。
大豆とじゃこのおやき

大豆を粗くつぶし、
じゃこと合わせて香ばしく焼き上げます。
独特の歯ごたえが楽しい！

材料（1人分）
蒸し大豆（缶詰・ドライパック）
　……1缶（140g）
ちりめんじゃこ……大さじ3
白いりごま……大さじ1/2
A ┌ 小麦粉……大さじ2
　└ 水……大さじ1
ごま油……大さじ1

487kcal

① 大豆をつぶす
ボウルに大豆を入れ、手で粗くつぶす。

② 生地を作る
❶にちりめんじゃこ、ごま、Aを入れてよく混ぜ、4等分にする。

③ 焼いて仕上げる
フライパンにごま油を中火で熱し、❷を平たい円形にまとめながら入れる。フライ返しでときどき押さえながら3〜4分焼く。返して同様に焼き、器に盛る。

大豆缶なら、大豆をもどしたり、ゆでたりする手間と時間が大幅にカットできます。大豆は水煮でなく、ぽくぽくとした食感が楽しめる、ドライパックのものがおすすめです。

下準備

- **エリンギ** ▶ 長さを半分に切ってから、4つ割りにする。
- **合わせ調味料** ▶ ボウルに材料を入れてよく混ぜておく。

1 ひき肉を炒める

フライパンにサラダ油を中火で熱し、ひき肉を入れてほぐしながら炒める。

2 大豆、エリンギを加える

ひき肉の色が変わったら、大豆を加えて2分ほど炒める。大豆に薄い焼き色がついたら、エリンギを加えてさらに炒める。

3 調味して仕上げる

合わせ調味料を加えてさっと炒める。ラー油を加えて混ぜ、器に盛る。

材料（1人分）

- 蒸し大豆（缶詰・ドライパック）……1缶(140g)
- 豚ひき肉……50g
- エリンギ……2本(80g)
- 合わせ調味料
  - みそ、酒……各大さじ1
  - 砂糖……小さじ1
- サラダ油……大さじ1/2
- ラー油……少々

506kcal

➕豚ひき肉とエリンギで。
大豆、ひき肉、エリンギの炒めもの

白いご飯にのせて食べたり、
お弁当のおかずにもおすすめ。
みその風味が豊かに広がります。

PART 6 レトルト、缶詰、調味料は使ったもんがち！

ゆずこしょうで。

➕ 鶏ささ身で。
ささ身のゆずこしょう焼き

材料（1人分）

鶏ささ身……2本(120g)
A ┃ ゆずこしょう……小さじ1/2
　 ┃ 酒……小さじ1
　 ┃ 塩……少々
　 ┃ サラダ油……小さじ1
プチトマト……2個(20g)

169kcal

1 ささ身を切る
ささ身は筋を取り除いて、長さを半分に切る。

2 調味料を混ぜる
ボウルにAを入れて混ぜる。

3 焼いて仕上げる
アルミホイルを敷いた天板に❶を並べ、❷を片面に塗る。オーブントースターに入れ、薄く焼き色がつくまで7分ほど焼く。器に盛り、プチトマトを添える。

➕ 豆腐と生野菜で。
ゆずこしょう豆腐ディップ

材料（1人分）

豆腐(木綿)……1/4丁(75g)
キャベツ……1/2枚(20g)
にんじん……5cm(50g)
きゅうり……1/2本(50g)
マヨネーズ……大さじ1
ゆずこしょう……小さじ1/3

163kcal

1 ディップを作る
ボウルに豆腐を入れ、フォークでなめらかになるまでつぶし、マヨネーズを加えて混ぜる。器に盛り、ゆずこしょうを散らす。

2 野菜を切って仕上げる
キャベツは食べやすい大きさにちぎる。にんじんは皮をむき、4つ割りにする。きゅうりは先端を落として4つ割りにする。器に❶を盛り、野菜を添える。

すりおろしたゆずの皮に塩と青唐辛子を加えてペースト状にした九州の名産品。独特の辛みと豊かな香りが特徴。辛み、塩けがメーカーによって異なるので、必ず味見をして使って。

➕ アボカドで。アボカドのゆずこしょうマヨ炒め

材料（1人分）
- アボカド……1/2個
- マヨネーズ……大さじ1
- ゆずこしょう……小さじ1/4

212kcal

1 アボカドを切る
アボカドは種を取り除いて皮をむく。縦3等分に切ってから、横に1cm幅に切る。

2 炒めて仕上げる
フライパンにマヨネーズ、ゆずこしょうを入れて中火にかける。アボカドを加えてからめながらさっと炒め、器に盛る。

➕ いかで。いかのゆずこしょうあえ

材料（1人分）
- もんごういか（刺し身用）……70g
- A
  - ゆずこしょう……小さじ1/4
  - サラダ油……小さじ1
  - 塩……少々

84kcal

1 いかを切る
いかは表面に浅い格子状の切り目を入れ、一口大に切る。

2 混ぜる
ボウルにAを入れて混ぜる。❶を加えてさらに混ぜ、器に盛る。

PART 6 レトルト、缶詰、調味料は使ったもんがち！

スイートチリソースで。

➕ れんこんで。
れんこんのスイートチリソース炒め

材料（1人分）

れんこん……4cm(100g)
サラダ油……大さじ1/2
A［スイートチリソース……大さじ2
　　塩……少々］

198kcal

1 れんこんを切る
れんこんは皮をむいて1cm幅に切り、水洗いをして水けをふく。

2 焼く
フライパンにサラダ油を中火で熱し、❶を入れて1～2分焼く。返してさらに1～2分焼く。

3 調味して仕上げる
両面に焼き色がついたら、Aを加えて手早くからめ、器に盛る。

➕ 厚揚げと玉ねぎで。
厚揚げと玉ねぎのスイートチリソース炒め

材料（1人分）

厚揚げ……1/2枚(120g)
玉ねぎ……小1/2個(60g)
サラダ油……大さじ1/2
酒……小さじ1
A［スイートチリソース……大さじ1
　　しょうゆ……大さじ1/2］

312kcal

1 材料を切る
厚揚げは縦半分に切ってから、横に1cm幅に切る。玉ねぎは横に1cm幅に切る。

2 炒める
フライパンにサラダ油を中火で熱し、厚揚げを入れて両面を色よく焼く。玉ねぎを加えて1分ほどさらに炒める。

3 調味して仕上げる
全体に油が回ったら酒をふり、Aを加えてさっと炒め、器に盛る。

赤唐辛子、砂糖、酢、にんにく、塩などで作る、辛くて甘みと酸味のあるソース。タイやベトナムでよく使われます。揚げものなどのつけだれにするのも、おすすめです。

鶏肉のスイートチリソース照り焼き

＋鶏もも肉とピーマンで。

材料（1人分）
- 鶏もも肉（皮つき）……小1枚（200g）
- ピーマン……1個（35g）
- サラダ油……小さじ1
- 酒……小さじ1
- A［スイートチリソース……大さじ1
    しょうゆ……小さじ2］

502kcal

1 材料を切る
鶏肉は皮めと逆側に浅い切り込みを4〜5本入れ、筋を切る。ピーマンは縦半分に切ってへたと種を取り除く。

2 焼く
フライパンにサラダ油を中火で熱し、鶏肉の皮めを下にして入れる。周りにピーマンを置き、2分ほど焼く。鶏肉とピーマンを返してさらに2分ほど焼き、ピーマンを取り出す。ふたをして弱火にし、3分ほど蒸し焼きにする。

3 調味して仕上げる
酒をふって火を止める。Aを加えて弱火にかけ、鶏肉を返しながら煮からめる。取り出して食べやすく切り、器に盛って❷のピーマンを添える。

大根のスイートチリソースあえ

＋大根で。

材料（1人分）
- 大根……4〜5cm（150g）
- スイートチリソース……大さじ1
- A［ごま油……大さじ1/2
    塩……小さじ1/5］

124kcal

1 大根を切る
大根は皮をむき、スライサーなどで細切りにする。

2 調味する
ボウルに❶を入れ、Aを加えて混ぜる。器に盛り、スイートチリソースをかける。

PART 6 レトルト、缶詰、調味料は使ったもんがち!

豆板醤で。

＋白身魚の刺し身ときゅうりで。
刺し身の豆板醤あえ

材料（1人分）
- 白身魚*（刺し身用）……60g
- きゅうり……1/2本(50g)
- ごま油……小さじ1
- A［豆板醤……小さじ1/5
　　塩……少々］
- 白いりごま……少々

＊すずき、たいなど。

121kcal

1 調味する
白身魚は薄いそぎ切りにしてボウルに入れ、ごま油を加えて混ぜる。Aを加えてさらに混ぜる。

2 きゅうりを切って仕上げる
きゅうりは先端を切り落とし、縦に薄切りにしてから、縦にせん切りにする。器に盛って❶をのせ、ごまをふる。

＋しいたけで。
しいたけの豆板醤マヨ焼き

材料（1人分）
- しいたけ（生）……大4枚(100g)
- A［豆板醤……小さじ1/5
　　マヨネーズ……大さじ2
　　塩……少々］

179kcal

1 しいたけを切る
しいたけは軸を切り落とす。軸は石づきを切り落とし、薄い輪切りにする。

2 混ぜる
ボウルにAを入れて混ぜる。

3 焼いて仕上げる
アルミホイルを敷いた天板に、❶のしいたけの傘の内側を上にして並べる。❶の軸の輪切りをのせ、❷を等分にかける。オーブントースターに入れて焼き色がつくまで5分ほど焼く。

中国・四川省の唐辛子みそのこと。空豆に塩、麹、赤唐辛子などを加えて発酵させた調味料。強い辛みとさわやかな酸味があります。辛いものが苦手な人は、かならず味見をしてください。

ひき肉ともやしのピリ辛スープ
＋豚ひき肉ともやしで。

材料（1人分）
- 豚ひき肉……50g
- もやし……1/2袋弱（100g）
- サラダ油……小さじ1
- 豆板醤……小さじ1/4
- 酒……大さじ1
- 水……1と1/3カップ
- 塩……小さじ1/4

177kcal

1 もやしを洗う
もやしは水洗いをし、ざるに上げて水けをきる。

2 炒める
フライパンにサラダ油を中火で熱し、ひき肉を入れてほぐしながら炒める。ひき肉の色が変わったら豆板醤を加えてさっと炒め、酒をふって水を加える。

3 煮て仕上げる
煮立ったらふたをして弱火にし、6～7分煮る。塩を加えて混ぜ、中火にしてもやしを加えて3分ほど煮る。もやしがしんなりとしたら、器に盛る。

かぼちゃの豆板醤炒め
＋かぼちゃで。

材料（1人分）
- かぼちゃ……1/12個（正味100g）
- サラダ油……大さじ1/2
- A
  - 豆板醤……小さじ1/5
  - みりん……大さじ1
  - しょうゆ……小さじ1

195kcal

1 かぼちゃを切る
かぼちゃは5mm角の棒状に切る。

2 炒めて仕上げる
フライパンにサラダ油を中火で熱し、❶を入れて1分ほど炒める。かぼちゃが少ししんなりとしたらAを加えてさっと炒め、器に盛る。

PART 6　レトルト、缶詰、調味料は使ったもんがち！

焼き肉のたれで。

+ なすで。
なすの焼き肉のたれ炒め

材料（1人分）
なす……2個（160g）
サラダ油……大さじ1/2
焼き肉のたれ……大さじ2

132kcal

1 なすを切る
なすはへたを切り落とし、縦半分に切る。皮めに浅い格子状の切り目を入れる。

2 蒸し焼きにする
フライパンにサラダ油を中火で熱し、❶の皮めを下にして入れ、ふたをして3分ほど蒸し焼きにする。返してさらにふたをして2〜3分蒸し焼きにする。

3 調味して仕上げる
❷に焼き肉のたれを加え、フライパンを揺すりながら全体にからめ、器に盛る。

+ しめじとえのきだけで。
きのこの焼き肉のたれ煮

材料（1人分）
しめじ……1/2パック（50g）
えのきだけ……1/2袋（50g）
焼き肉のたれ……大さじ1と1/2

51kcal

1 きのこを切る
しめじは石づきを切り落とし、1〜2本ずつにほぐす。えのきだけは根元を切り落とし、長さを半分に切ってほぐす。

2 加熱して仕上げる
耐熱ボウルに❶、焼き肉のたれを入れて混ぜ、ふんわりとラップをかぶせて電子レンジで1分30秒ほど加熱する。ラップをかぶせたまま冷まし、器に盛る。

メーカーによって多少異なりますが、しょうゆをベースににんにくや赤唐辛子などのスパイス、フルーツや砂糖などを加えて作った調味料。自分好みの味の1本を見つけましょう。

＋卵で。目玉焼きの焼き肉のたれがらめ

材料（1人分）
卵……1個
サラダ油……小さじ1/2
焼き肉のたれ……大さじ1

124kcal

1 焼く
フライパンにサラダ油を中火で熱し、卵を割り入れて1分ほど焼く。ふたをして弱火にし、さらに3～4分好みのかたさに焼く。

2 調味する
❶に焼き肉のたれを加えて中火にし、さっと焼いてからめ、器に盛る。

＋玉ねぎで。玉ねぎの焼き肉のたれステーキ

材料（1人分）
玉ねぎ……小1個(120g)
サラダ油……小さじ2
焼き肉のたれ……大さじ1～1と1/2

138kcal

1 玉ねぎを切る
玉ねぎは厚みを3等分に切る。根元の部分は十文字の浅い切り目を入れ、一番上の部分は、バラバラにならないように厚みにつま楊枝を刺す。

2 焼く
フライパンにサラダ油を中火で熱し、❶を入れて2～3分焼く。返し、ふたをして弱火にし、3～4分蒸し焼きにする。

3 調味する
両面に焼き色がついたら、つま楊枝を取って器に盛り、焼き肉のたれをかける。

コレさえあれば何とかなる！
驚きの発見！ 料理の"奥の手集"

ピザ用チーズをフライパンでこんがりと焼くだけ！
チーズせんべい

材料と作り方（1人分）
❶フライパンに**ピザ用チーズ大さじ4(60g)**を等分に間隔をあけて3カ所に置き、中火にかける。
❷チーズが溶けたら弱めの中火にし、2〜3分焼く。返してさらに2分焼き、器に盛る。

229kcal

ポテチの油分と塩けがおいしさの素。
ポテトチップススープ

材料と作り方（1人分）
❶器に**ポテトチップス5g**を砕いて入れ、**塩、粗びき黒こしょう各少々**をふる。
❷**熱湯180〜200㎖**を注ぐ。

28kcal

柿の種の食感としょうゆの香ばしさがアクセント。
ちぎりレタスの柿ピーサラダ

材料と作り方（1人分）
❶**レタス2〜3枚(80g)**は4〜5cm四方に切って器に盛り、粗く刻んだ**柿の種（ピーナッツ入り）大さじ3**をかける。
❷**サラダ油大さじ1、酢大さじ1/2**、**塩、こしょう各少々**をしっかりと混ぜたドレッシングをかける。

265kcal

COLUMN 06

「おなかすいたけど、食べるものがない〜」とつぶやく前に、キッチンや冷蔵庫をチェック！
おやつに買ったポテトチップス、朝食用に買ったピザチーズなどが残っていませんか？
それさえあれば、全然大丈夫！ アイデアたっぷりの使いこなしテクを紹介します。

仕上げの七味唐辛子で辛みと風味をプラス。

さきいかとキャベツのマヨあえ

材料と作り方（1人分）
① **さきいか10g**は手で細く裂く。**キャベツ大1枚(50g)**は4〜5cm長さのせん切りにする。
② ボウルに①、**マヨネーズ大さじ1**を入れて混ぜ、器に盛って**七味唐辛子少々**をふる。

118kcal

ウスターソースのうまみが、トマトを引き立てます。

トマトのウスターソーススープ

材料と作り方（1人分）
① **トマト小1/2個(60g)**はへたを取り除き、5mm幅のいちょう切りにする。
② 耐熱容器に**ウスターソース大さじ1と1/2**、**洋風スープの素（チキン・顆粒）小さじ1/5**、**水2/3カップ**を入れて混ぜ、①を加える。
③ ラップをふんわりとかぶせて電子レンジで1分ほど加熱する。

44kcal

白いご飯にのせたり、おつまみにしても。

油揚げのマヨ＋こしょう焼き

材料と作り方（1人分）
① ペーパータオルを敷いた耐熱皿に**油揚げ1枚(40g)**をのせる。ラップをかぶせずに電子レンジで40秒ほど加熱し、油抜きをする。
② アルミホイルを敷いた天板に①を置き、**マヨネーズ大さじ1**を塗って**塩、粗びき黒こしょう各少々**をふる。
③ オーブントースターに②を入れ、薄く焼き色がつくまで3分ほど焼く。食べやすく切って器に盛る。

236kcal

食パンのみみとキャベツをはさんで、ライトなおいしさ。
食パンだけのカツサンド風

材料と作り方（1人分）

❶ **食パン(8枚切り) 2枚**はトースターに入れて2〜3分焼く。みみを切り落とし、**とんかつソース大さじ2**をからめる。
❷ **キャベツ1枚(40g)**は3〜4cm長さのせん切りにする。
❸ **バター大さじ1**は耐熱ボウルに入れ、ラップをかぶせずに電子レンジで10秒ほど加熱してクリーム状にする。
❹ ①の食パンの片面に③を塗り、①の食パンのみみ、②をのせてはさむ。手で押さえてなじませ、3等分に切って器に盛る。

382kcal

チンしたもちが、モチモチしてニョッキみたい。
もちの粉チーズ＋オリーブ油かけ

材料と作り方（1人分）

❶ 耐熱皿に**切りもち大1個(70g)**をのせ、ふんわりとラップをかぶせて電子レンジで1分30秒ほど加熱する。
❷ ①に**オリーブ油小さじ2**をかけ、**粉チーズ大さじ1**、**塩**、**粗びき黒こしょう少々**をふる。

267kcal

青のりをプラスして磯の風味豊かに仕上げます。
おむすびのポテチまぶし

材料と作り方（1人分）

❶ 手にかるく水をつけ、**温かいご飯茶碗2/3杯分(100g)**を平たい円形に形作って器に盛る。
❷ **ポテトチップス15g**を粗く砕いて①にまぶし、**青のり粉少々**をふる。

251kcal

COLUMN 06

「甘じょっぱ」な味がクセになります。
もちのピーナッツ＋はちみつかけ

材料と作り方（1人分）
❶ ピーナッツ大さじ1は薄皮をむき、粗く刻む。
❷ 切りもち大1個(70g)は8等分に切って耐熱皿にのせ、ふんわりとラップをかぶせて電子レンジで1分30秒ほど加熱する。
❸ ②に①を散らし、はちみつ大さじ1をかける。

285kcal

食パンはめん棒で薄くのばしてから焼くのが、コツ。
バタートースト砂糖がらめ

材料と作り方（1人分）
❶ 食パン(8枚切り)2枚はみみを切り落とし、めん棒などを転がして薄くのばす。
❷ フライパンを中火で熱し、①を入れてフライ返しで押さえながら2分ほど焼く。返してさらに2分ほど焼く。
❸ 両面に焼き色がついたらバター大さじ1、レモン汁小さじ1を加えて全体にからめて取り出す。半分に切って器に盛り、グラニュー糖（または砂糖）大さじ1をふる。

303kcal

梅肉のキュンとした酸味とバターのこくが相性抜群。
梅バターのっけご飯

材料と作り方（1人分）
❶ 梅干し1個(15g)は種を取り除き、包丁で細かくたたく。
❷ 耐熱ボウルにバター大さじ1を入れ、ラップをかぶせずに電子レンジで10秒ほど加熱し、クリーム状にする。①を加えて混ぜる。
❸ 器に温かいご飯茶碗1杯分(150g)を盛り、②をのせる。

345kcal

材料別さくいん

肉

【鶏肉】
ささ身のゆずこしょう焼き…142
チキンの甘辛にんにくソテー…10
チキンのクリームシチュー…96
筑前煮…102
鶏肉となすのあったかつけ汁そば…87
鶏肉とブロッコリーのケチャップ炒め…14
鶏肉のキムチ巻き蒸し…116
鶏肉の塩から揚げ…12
鶏肉のスイートチリソース照り焼き…145
鶏肉のチーズ＋えのき巻き蒸し…117
鶏肉のねぎみそ巻き蒸し…117
にんじんと鶏肉のスープ煮…56
蒸し鶏ときゅうりのごまあえ…115
蒸し鶏とゆで卵の粒マスタードあえ…115
蒸し鶏のせエスニック風ご飯…114

【豚肉】
薄切り肉の肉だんご…20
かぼちゃの豚バラ巻き焼き…60
キャベツの豚肉はさみ煮…40
豆腐の豚肉巻き…28
なすの豚肉巻きソテー…52
白菜と豚こまの炒め煮…58
豚肉、大根、白菜のみそ鍋…65
豚肉とキャベツの焼きうどん…76
豚肉と野菜のソース焼きそば…78
豚ロース肉の簡単チャーシュー…16
回鍋肉（ホイコーロー）…100
ポークジンジャーステーキ…18

【牛肉】
具だくさん牛丼…22
青椒肉絲（チンジャオロースー）…50
肉うどん…74

肉豆腐…94
ほうれん草と牛肉の炒めもの…62

【合いびき肉】
チリコンカン…98
ひき肉と野菜のカレー…92
ひき肉、なす、トマトのカレー鍋…66
ヘルシー豆腐ハンバーグ…24

【鶏ひき肉】
大根とひき肉のしょうゆ煮…54

【豚ひき肉】
大豆、ひき肉、エリンギの炒めもの…141
ひき肉ともやしのカレー焼きそば…80
ひき肉ともやしのピリ辛スープ…147
ピリ辛そぼろからめうどん…77
豚ひき肉のキムチ肉じゃが…26
麻婆豆腐のせカリカリ焼きそば…81
みそバターコーンラーメン…82
もやしとひき肉のカレー炒め…46

肉の加工品

【ウインナソーセージ】
ジャーマンポテト…42
ナポリタン…70

【フランクフルトソーセージ】
フランクフルトソーセージと野菜のポトフ…64

【ベーコン】
カリカリベーコン…126
ベーコンとアスパラガスのリゾット…118
ベーコンとキャベツのスープ…125
ブロッコリーとベーコンのスパゲッティ…68
ほうれん草とベーコンのソテー…63

【焼き豚】
焼き豚＋長ねぎの豆板醤あえラーメン…83

【レトルトカレー】
クリーミーカレーうどん…131
焼きカレードリア…130

【レトルトクリームシチュー】
コーン入りクリームシチューリゾット…135
トマト入りクリームグラタン…134

【レトルトミートソース】
かぼちゃのミートソースかけ…132
洋風麻婆豆腐…133

【ロースハム】
食パンのハム＋コーンのマヨあえのせ…106
ハムと野菜のそうめんサラダ…89

魚介

【いか】
いかのゆずこしょうあえ…143

【えび】
えびとポテトのクリームスパゲッティ…71
えびのチリソース炒め…104

【白身魚（すずき、たいなど）】
刺し身の豆板醤あえ…146

【生鮭】
サーモンフライ…32
鮭のバターじょうゆ焼き…30

【めかじき】
めかじきのみそチーズ焼き…34

魚介の加工品

【かにかまぼこ】
かにかまときゅうりのっけそば…86

【辛子明太子】
ご飯の明太子＋長いものせ…109
じゃがいもの明太バターのせ…120

【削り節】
おかかと万能ねぎ入りおやき…119
温泉卵の削り節＋しょうゆかけ…36
くずし豆腐のみそスープ…124
豚肉とキャベツの焼きうどん…76
もやしのおかか炒め…47

【さきいか】
さきいかとキャベツのマヨあえ…151

【鮭フレーク】
鮭フレークと卵のスパゲッティ…72

【さば缶】
さば缶のガーリックスパゲッティ…138
野菜入りさばのみそ煮…139

【たらこ】
たらこバタースパゲッティ…73
にんじんのたらこ炒め…57
ゆで卵のたらこあえ…38

【ちくわ】
食パンのちくわ＋水菜のせ…106

【ちりめんじゃこ】
カリカリじゃこ…127
小松菜のじゃこあえ…102
食パンのキャベツ＋マヨネーズのせ…107
大根とじゃこの炒めもの…55
大豆とじゃこのおやき…140
たたききゅうりのじゃこあえ…45

【ツナ缶】
塩もみきゅうりとツナの炒めもの…44
食パンのツナ＋玉ねぎのせ…107
ツナ、卵、にんじんの炒めもの…136
ツナとレタスのチャーハン…137

卵

いり卵…127

えびチリ入り卵焼きサンド…105
おかかと万能ねぎ入りおやき…119
温泉卵の削り節＋しょうゆかけ…36
温泉卵のザーサイ＋長ねぎかけ…37
温泉卵の大根おろし＋めんつゆかけ…37
温泉卵の粒マスタード＋マヨネーズかけ…36
温泉卵のトマト＋粉チーズかけ…36
温泉卵の長ねぎ＋ごま油かけ…37
カレーチャーハン…93
韓国風ビビン麺…88
ご飯の温泉卵＋わかめのせ…109
鮭フレークと卵のスパゲッティ…72
食パンの目玉焼き＋トマトのせ…106
卵inわかめスープ…112
ツナ、卵、にんじんの炒めもの…136
トマトと卵の炒めもの…49
ドライカレー…92
肉豆腐の卵とじ丼…95
ピリ辛そぼろからめうどん…77
回鍋肉丼…101
蒸し鶏とゆで卵の粒マスタードあえ…115
目玉焼きの焼き肉のたれがらめ…149
焼きカレードリア…130
ゆで卵のたらこあえ…38
ゆで卵のチーズ焼き…38
ゆで卵ののり＋わさびポン酢あえ…38

大豆製品

【厚揚げ】
厚揚げと玉ねぎのスイートチリソース炒め…144

【油揚げ・油揚げの加工品】
油揚げの油抜き…126
油揚げのマヨ＋こしょう焼き…151
キャベツinインスタントみそ汁…112
ご飯の油揚げ＋貝割れ大根のせ…108

【きなこ】
ヨーグルトのきなこ＋黒みつかけ…111

【大豆缶】
大豆とじゃこのおやき…140
大豆、ひき肉、エリンギの炒めもの…141
チリコンカン…98

【豆乳】
シリアルのアボカド＋豆乳かけ…110

【豆腐（木綿）】
くずし豆腐のみそスープ…124
ご飯の豆腐＋ザーサイのせ…108
豆腐の豚肉巻き…28

豆腐の水きり…126
肉豆腐…94
ヘルシー豆腐ハンバーグ…24
麻婆豆腐のせカリカリ焼きそば…81
ゆずこしょう豆腐ディップ…142
洋風麻婆豆腐…133

【納豆】
ご飯の納豆＋たくあんのせ…109

乳製品

【牛乳】
えびとポテトのクリームスパゲッティ…71
クリーミーカレーうどん…131
シリアルのバナナ＋牛乳かけ…110
チキンのクリームシチュー…96
パンプキンスープ…123

【粉チーズ】
温泉卵のトマト＋粉チーズかけ…36
かぼちゃのミートソースかけ…132
キャベツの粉チーズソース…41
鮭フレークと卵のスパゲッティ…72
トマトのパン粉焼き…48
ナポリタン…70
ベーコンとアスパラガスのリゾット…118
もちの粉チーズ＋オリーブ油かけ…152

【スライスチーズ】
鶏肉のチーズ＋えのき巻き蒸し…117

【ピザ用チーズ】
チーズせんべい…150
食パンのアボカド＋チーズのせ…107
食パンの目玉焼き＋トマトのせ…106
チキンのクリームシチュードリア…97
チリコンカンドッグ…99
トマト入りクリームグラタン…134
ピーマンのチーズ焼き…51
めかじきのみそチーズ焼き…34
焼きカレードリア…130
ゆで卵のチーズ焼き…38

【プレーンヨーグルト】
にんじんとプリーツレタスのサラダ…12
ヨーグルトのいちごジャムかけ…111
ヨーグルトのキウイ＋はちみつかけ…111
ヨーグルトのきなこ＋黒みつかけ…111

野菜

【赤ピーマン】
ポークジンジャーステーキ…18

【青じそ】
なすの塩もみ青じそ風味…53

【オクラ】
ヘルシー豆腐ハンバーグ…24

【貝割れ大根】
かにかまときゅうりのっけそば…86
ご飯の油揚げ＋貝割れ大根のせ…108
鶏肉のキムチ巻き蒸し…116

【かぶ】
かぶときゅうりの浅漬け…94
生野菜…30

【かぼちゃ】
かぼちゃ茶巾…123
かぼちゃときゅうりのサラダ…122
かぼちゃの甘煮…61
かぼちゃの豆板醤炒め…147
かぼちゃの豚バラ巻き焼き…60
かぼちゃのミートソースかけ…132
かぼちゃの蒸し煮サラダ…61
鶏肉の塩から揚げ…12
パンプキンスープ…123

【キャベツ】
キャベツinインスタントみそ汁…112
キャベツとにんじんの塩もみ…22
キャベツとプチトマトのサラダ…16
キャベツの粉チーズソース…41
キャベツの豚肉はさみ煮…40
キャベツのマヨネーズソテー…41
さきいかとキャベツのマヨあえ…151
食パンだけのカツサンド風…152
食パンのキャベツ＋マヨネーズのせ…107
タンメン風ラーメン…85
にんじんとキャベツのマリネサラダ…96
豚肉とキャベツの焼きうどん…76
豚肉と野菜のソース焼きそば…78
フランクフルトソーセージと野菜のポトフ…64
ベーコンとキャベツのスープ…125
回鍋肉…100
めかじきのみそチーズ焼き…34
ゆずこしょう豆腐ディップ…142

【きゅうり】
かにかまときゅうりのっけそば…86
かぶときゅうりの浅漬け…94
かぼちゃときゅうりのサラダ…122
韓国風ビビン麺…88
きゅうりのピリ辛酢じょうゆ漬け…45
刺し身の豆板醤あえ…146
サニーレタスときゅうりのサラダ…104
塩もみきゅうりとツナの炒めもの…44
スティックきゅうり…92
大根ときゅうりのサラダ…26
たたききゅうりのじゃこあえ…45
鶏肉のねぎみそ巻き蒸し…117
生野菜…24、93
冷や麦のとろろソース…90
蒸し鶏ときゅうりのごまあえ…115
ゆずこしょう豆腐ディップ…142
レタスときゅうりのサラダ…18

【グリーンアスパラガス】
チキンの甘辛にんにくソテー…10
ベーコンとアスパラガスのリゾット…118
ゆでアスパラガス…128

【グリーンカール】
生野菜…14

【小松菜】
小松菜のじゃこあえ…102
肉豆腐…94
ピリ辛そぼろからめうどん…77
ゆで青菜…128

【サニーレタス】
サニーレタスときゅうりのサラダ…104
サニーレタスとプチトマトのサラダ…20

【さやいんげん】
サーモンフライ…32
ゆでさやいんげん…128

【セロリ】
コーンとセロリのサラダ…34
生野菜…24
野菜スティック…98

【大根】
温泉卵の大根おろし＋めんつゆかけ…37
大根ときゅうりのサラダ…26
大根とじゃこの炒めもの…55
大根とひき肉のしょうゆ煮…54
大根のごまサラダ…55
大根のスイートチリソースあえ…145
豆腐の豚肉巻き…28

豚肉、大根、白菜のみそ鍋…65

【玉ねぎ】
厚揚げと玉ねぎのスイートチリソース炒め…144
えびとポテトのクリームスパゲッティ…71
簡単ポテトサラダ…121
具だくさん牛丼…22
鮭のバターじょうゆ焼き…30
しめじのコンソメスープ…124
ジャーマンポテト…42
食パンのツナ＋玉ねぎのせ…107
玉ねぎの焼き肉のたれステーキ…149
タンメン風ラーメン…85
チキンのクリームシチュー…96
チリコンカン…98
鶏肉とブロッコリーのケチャップ炒め…14
ナポリタン…70
ハムと野菜のそうめんサラダ…89
ひき肉と野菜のカレー…92
豚肉とキャベツの焼きうどん…76
豚肉と野菜のソース焼きそば…78
豚ひき肉のキムチ肉じゃが…26
ベーコンとアスパラガスのリゾット…118
回鍋肉…100
蒸し鶏のせエスニック風ご飯…114

【トマト】
温泉卵のトマト＋粉チーズかけ…36
食パンの目玉焼き＋トマトのせ…106
トマト入りクリームグラタン…134
トマトと卵の炒めもの…49
トマトのウスターソーススープ…151
トマトのザーサイあえ…100
トマトのはちみつレモン漬け…49
トマトのパン粉焼き…48
ひき肉、なす、トマトのカレー鍋…66
冷や麦のとろろソース…90
蒸し鶏のせエスニック風ご飯…114
レタスとトマトのサラダ…10

【長ねぎ】
えびのチリソース炒め…104
温泉卵のザーサイ＋長ねぎかけ…37
温泉卵の長ねぎ＋ごま油かけ…37
くずし豆腐のみそスープ…124
ご飯の納豆＋たくあんのせ…109
ザーサイのせおかゆ…119
ツナとレタスのチャーハン…137
鶏肉となすのあったかつけ汁そば…87
鶏肉のねぎみそ巻き蒸し…117
肉豆腐…94
春雨のピリ辛スープ…125
豚ロース肉の簡単チャーシュー…16
ほうれん草と牛肉の炒めもの…62

材料別 さくいん

焼き豚＋長ねぎの豆板醤あえラーメン…83
野菜入りさばのみそ煮…139

【なす】
サーモンフライ…32
鶏肉となすのあったかつけ汁そば…87
なすの塩もみ青じそ風味…53
なすの豚肉巻きソテー…52
なすの焼き肉のたれ炒め…148
ひき肉と野菜のカレー…92
ひき肉、なす、トマトのカレー鍋…66
焼きなすサラダ…53

【にら】
麻婆豆腐のせカリカリ焼きそば…81

【にんじん】
キャベツとにんじんの塩もみ…22
タンメン風ラーメン…85
筑前煮…102
ツナ、卵、にんじんの炒めもの…136
にんじんin春雨スープ…112
にんじんとキャベツのマリネサラダ…96
にんじんと鶏肉のスープ煮…56
にんじんとプリーツレタスのサラダ…12
にんじんのたらこ炒め…57
にんじんのマリネ…57
ひき肉、なす、トマトのカレー鍋…66
豚肉とキャベツの焼きうどん…76
豚ひき肉のキムチ肉じゃが…26
水菜とにんじんのサラダ…32
野菜スティック…98
ゆずしょう豆腐ディップ…142

【白菜】
白菜と豚こまの炒め煮…58
白菜の浅漬け…59
白菜のマヨディップ…59
豚肉、大根、白菜のみそ鍋…65

【パセリ】
サーモンフライ…32

【万能ねぎ】
おかかと万能ねぎ入りおやき…119

【ピーマン】
鮭のバターじょうゆ焼き…30
青椒肉絲…50
鶏肉のスイートチリソース照り焼き…145
ナポリタン…70
ピーマンのチーズ焼き…51
ひき肉ともやしのカレー焼きそば…80
ひき肉と野菜のカレー…92

回鍋肉…100
ゆでピーマンの塩昆布あえ…51

【プチトマト】
キャベツとプチトマトのサラダ…16
ささ身のゆずこしょう焼き…142
サニーレタスとプチトマトのサラダ…20
生野菜…24、93
春雨のピリ辛スープ…125

【プリーツレタス】
にんじんとプリーツレタスのサラダ…12

【ブロッコリー】
鶏肉とブロッコリーのケチャップ炒め…14
ブロッコリーとベーコンのスパゲッティ…68
ゆでブロッコリー…128

【ベビーリーフ】
ベビーリーフのサラダ…28

【ほうれん草】
ほうれん草と牛肉の炒めもの…62
ほうれん草とベーコンのソテー…63
ほうれん草のごま油あえ…63
ゆで青菜…128

【水菜】
食パンのちくわ＋水菜のせ…106
たらこバタースパゲッティ…73
水菜とにんじんのサラダ…32

【もやし】
ひき肉ともやしのカレー焼きそば…80
ひき肉ともやしのピリ辛スープ…147
みそバターコーンラーメン…82
めかじきのみそチーズ焼き…34
もやしとひき肉のカレー炒め…46
もやしのおかか炒め…47
もやしのナムル…47

【レタス】
ちぎりレタスの柿ピーサラダ…150
ツナとレタスのチャーハン…137
ハムと野菜のそうめんサラダ…89
蒸し鶏のせエスニック風ご飯…114
レタスときゅうりのサラダ…18
レタスとトマトのサラダ…10

【れんこん】
薄切り肉の肉だんご…20
筑前煮…102
れんこんのスイートチリソース炒め…144

【わけぎ】
クリーミーカレーうどん…131
肉うどん…74

野菜の加工品

【赤唐辛子】
さば缶のガーリックスパゲッティ…138
チリコンカン…98
ブロッコリーとベーコンのスパゲッティ…68
回鍋肉…100

【味つけザーサイ】
温泉卵のザーサイ＋長ねぎかけ…37
ご飯の豆腐＋ザーサイのせ…108
ザーサイのせおかゆ…119
トマトのザーサイあえ…100

【おろししょうが（チューブ）】
大根とひき肉のしょうゆ煮…54
肉うどん…74
白菜と豚こまの炒め煮…58
ピリ辛そぼろからめうどん…77
豚ロース肉の簡単チャーシュー…16
ヘルシー豆腐ハンバーグ…24
ポークジンジャーステーキ…18

【おろしにんにく（チューブ）】
さば缶のガーリックスパゲッティ…138
チキンの甘辛にんにくソテー…10
豚ロース肉の簡単チャーシュー…16
ブロッコリーとベーコンのスパゲッティ…68

【クリームコーン缶】
チキンのクリームシチュー…96

【たくあん】
ご飯の納豆＋たくあんのせ…109

【トマトの水煮缶】
チリコンカン…98

【にんじんジュース】
シリアルのドライフルーツ＋
　　にんじんジュースかけ…110

【練りわさび】
ご飯の温泉卵＋わかめのせ…109
白菜のマヨディップ…59
冷や麦のとろろソース…90
ゆで卵ののり＋わさびポン酢あえ…38

157

【白菜キムチ】
韓国風ビビン麺…88
ご飯のキムチ＋のりのせ…108
鶏肉のキムチ巻き蒸し…116
豚ひき肉のキムチ肉じゃが…26

【紅しょうが】
具だくさん牛丼…22

【ホールコーン缶】
コーン入りクリームシチューリゾット…135
コーンとセロリのサラダ…34
食パンのハム＋コーンのマヨあえのせ…106
みそバターコーンラーメン…82

【ゆかり粉】
ゆかり粉ご飯…34

きのこ

【えのきだけ】
きのこの焼き肉のたれ煮…148
鶏肉のチーズ＋えのき巻き蒸し…117

【エリンギ】
薄切り肉の肉だんご…20
大豆、ひき肉、エリンギの炒めもの…141
チキンのクリームシチュー…96

【しいたけ＜生＞】
しいたけの豆板醤マヨ焼き…146
ナポリタン…70
ヘルシー豆腐ハンバーグ…24

【しめじ】
きのこの焼き肉のたれ煮…148
具だくさん牛丼…22
しめじのコンソメスープ…124
豚肉と野菜のソース焼きそば…78
野菜入りさばのみそ煮…139
洋風麻婆豆腐…133

いも類

【さつまいも】
豆腐の豚肉巻き…28

【じゃがいも・じゃがいもの加工品】
えびとポテトのクリームスパゲッティ…71
簡単ポテトサラダ…121
ジャーマンポテト…42

じゃがいものきんぴら…43
じゃがいものごまみそかけ…121
じゃがいもの明太バターのせ…120
ハッシュドポテト…43
豚ひき肉のキムチ肉じゃが…26
フランクフルトソーセージと野菜のポトフ…64
ポークジンジャーステーキ…18

【長いも】
えびのチリソース炒め…104
ご飯の明太子＋長いものせ…109
冷や麦のとろろソース…90
豚ロース肉の簡単チャーシュー…16

海藻・海藻の加工品

【青のり粉】
おむすびのポテチまぶし…152
豚肉と野菜のソース焼きそば…78

【カットわかめ・わかめの加工品】
韓国風ピリ辛ラーメン…84
キャベツinインスタントみそ汁…112
ご飯の温泉卵＋わかめのせ…109
卵inわかめスープ…112

【塩昆布】
ゆでピーマンの塩昆布あえ…51

【焼きのり】
おにぎり…30
ご飯のキムチ＋のりのせ…108
鶏肉のチーズ＋えのき巻き蒸し…117
のりのせご飯…10
ゆで卵ののり＋わさびポン酢あえ…38

ごま・ピーナッツ

【白いりごま】
韓国風ビビン麺…88
ご飯のキムチ＋のりのせ…108
ごまご飯…16
刺し身の豆板醤あえ…146
じゃがいものきんぴら…43
大豆とじゃこのおやき…140
トマトのザーサイあえ…100
ほうれん草のごま油あえ…63
もやしのナムル…47

【白すりごま】
じゃがいものごまみそかけ…121
大根のごまサラダ…55

蒸し鶏ときゅうりのごまあえ…115

【ピーナッツ】
もちのピーナッツ＋はちみつかけ…153

果実・果実の加工品

【アボカド】
アボカドのゆずこしょうマヨ炒め…143
食パンのアボカド＋チーズのせ…107
シリアルのアボカド＋豆乳かけ…110

【いちごジャム】
ヨーグルトのいちごジャムかけ…111

【梅干し】
梅バターのっけご飯…153
梅干しのせご飯…24、103

【キウイ】
ヨーグルトのキウイ＋はちみつかけ…111

【ドライフルーツ（アプリコット、プルーン）】
シリアルのドライフルーツ＋にんじんジュース
　かけ…110

【バナナ】
シリアルのバナナ＋牛乳かけ…110

【ゆずこしょう】
アボカドのゆずこしょうマヨ炒め…143
いかのゆずこしょうあえ…143
ささ身のゆずこしょう焼き…142
ゆずこしょう豆腐ディップ…142

ご飯

梅バターのっけご飯…153
梅干しのせご飯…24、103
おかかと万能ねぎ入りおやき…119
おにぎり…30
おむすび…20
おむすびのポテチまぶし…152
カレーチャーハン…93
具だくさん牛丼…22
コーン入りクリームシチューリゾット…135
ご飯の油揚げ＋貝割れ大根のせ…108
ご飯の温泉卵＋わかめのせ…109
ご飯のキムチ＋のりのせ…108
ご飯の豆腐＋ザーサイのせ…108
ご飯の納豆＋たくあんのせ…109
ご飯の明太子＋長いものせ…109

158

ごまご飯…16
ザーサイのせおかゆ…119
チキンのクリームシチュードリア…97
ツナとレタスのチャーハン…137
ドライカレー…92
肉豆腐の卵とじ丼…95
のりのせご飯…10
ベーコンとアスパラガスのリゾット…118
回鍋肉丼（ホイコーロー）…101
蒸し鶏のせエスニック風ご飯…114
焼きカレードリア…130
ゆかり粉ご飯…34

麺

えびとポテトのクリームスパゲッティ…71
かにかまときゅうりのっけそば…86
韓国風ビビン麺…88
韓国風ピリ辛ラーメン…84
クリーミーカレーうどん…131
鮭フレークと卵のスパゲッティ…72
さば缶のガーリックスパゲッティ…138
たらこバタースパゲッティ…73
タンメン風ラーメン…85
チキンのクリームシチュースパゲッティ…96
鶏肉となすのあったかつけ汁そば…87
ナポリタン…70
肉うどん…74
ハムと野菜のそうめんサラダ…89
ひき肉ともやしのカレー焼きそば…80
冷や麦のとろろソース…90
ピリ辛そぼろからめうどん…77
豚肉とキャベツの焼きうどん…76
豚肉と野菜のソース焼きそば…78
ブロッコリーとベーコンのスパゲッティ…68
麻婆豆腐のせカリカリ焼きそば…81
みそバターコーンラーメン…82
焼き豚＋長ねぎの豆板醤あえラーメン…83

春雨・春雨の加工品

にんじんｉｎ春雨スープ…112
春雨のピリ辛スープ…125

パン

【食パン】
えびチリ入り卵焼きサンド…105
食パンだけのカツサンド風…152
食パンのアボカド＋チーズのせ…107
食パンのキャベツ＋マヨネーズのせ…107
食パンのちくわ＋水菜のせ…106
食パンのツナ＋玉ねぎのせ…107
食パンのハム＋コーンのマヨあえのせ…106
食パンの目玉焼き＋トマトのせ…106
トースト…32
バタートースト砂糖がらめ…153

【ドッグパン】
チリコンカンドッグ…99

【バゲット】
トースト…98

シリアル

シリアルのアボカド＋豆乳かけ…110
シリアルのドライフルーツ＋にんじんジュース
　かけ…110
シリアルのバナナ＋牛乳かけ…110

切りもち

もちの粉チーズ＋オリーブ油かけ…152
もちのピーナッツ＋はちみつかけ…153

スナック菓子

おむすびのポテチまぶし…152
ちぎりレタスの柿ピーサラダ…150
ポテトチップススープ…150

著者

大庭英子
おおばえいこ

料理研究家。書籍、雑誌、テレビなど、さまざまな方面で大活躍。
家庭料理をはじめ、和、洋、中、エスニックなど
さまざまなジャンルの料理をこなす大ベテラン。
おしゃれで簡単、おいしいレシピにファンも多い。
著書に『おいしくカラダが温まる　作りおきのしょうがレシピ』（成美堂出版）、
『おうちで絶品カフェごはん132』（西東社）など多数。

スタッフ

撮影	原 ヒデトシ
スタイリング	宮澤由香
デザイン	矢部あずさ・岡澤輝美・田口奈央（bitter design）
イラスト	タオカミカ
熱量計算	佐藤友恵
構成・編集	園田聖絵（FOODS FREAKS）
企画・編集	成美堂出版編集部 川上裕子

パッと作れて絶対うまい ひとり分ごはん

著　者　大庭英子
　　　　おおばえいこ
発行者　深見公子
発行所　成美堂出版
　　　　〒162-8445　東京都新宿区新小川町1-7
　　　　電話(03)5206-8151 FAX(03)5206-8159
印　刷　共同印刷株式会社

©Oba Eiko 2015　PRINTED IN JAPAN
ISBN978-4-415-31927-8
落丁・乱丁などの不良本はお取り替えします
定価はカバーに表示してあります

・本書および本書の付属物を無断で複写、複製（コピー）、引用する
　ことは著作権法上での例外を除き禁じられています。また代行業者
　等の第三者に依頼してスキャンやデジタル化することは、たとえ個人
　や家庭内の利用であっても一切認められておりません。